Inhalt

Gut zu Wissen

Persischer Golf

Dubai

Abu Dhabi

Reisepass
benötigt

6 Stunden
Flugzeit

Arabisch &
Englisch

Dirham
AED

Alkohol

Alkohol wird in den Vereinigten Arabischen Emiraten (VAE) aufgrund religiöser Gründe kaum konsumiert, weshalb er in Restaurants und Bars nicht ausgeschenkt wird - mit Ausnahme von Hotelrestaurants. Die meisten Hotels verfügen über eine Lizenz zum Verkauf von alkoholischen Getränken, so dass Touristen auch in den VAE Bier, Wein oder Cocktails konsumie-

ren können. Der Kauf von alkoholischen Getränken in Supermärkten ist nicht möglich und aufgrund der hohen Preise würde sich der Kauf auch nicht lohnen. Obwohl normalerweise eine Lizenz für den Konsum von Alkohol erforderlich ist, wird dies von staatlicher Seite selten überprüft und hat für Touristen in der Praxis keine Bedeutung.

Alleinreisende Frauen

Gelegentlich stellen sich alleinreisende Frauen die Frage, wie sie sich am besten auf eine Reise in die VAE vorbereiten sollten. Grundsätzlich sind Frauen im Alltag den Männern gleichgestellt. Dies gilt beispielsweise für das Führen eines Kraftfahrzeugs genauso wie für öffentliche Auftritte. Einzig bei der Bekleidung in der Öffentlichkeit ist ein gewisses Fingerspitzengefühl gefragt, obgleich auch dieser Aspekt immer mehr an Bedeutung verliert. Weitere Einzelheiten hierzu finden Sie im nächsten Abschnitt Bekleidung.

Bekleidung

In Dubai gibt es für Ausländer keine offiziellen Bekleidungsvorschriften. Allerdings wird Gästen empfohlen, die kulturellen Gepflogenheiten der Emira-tis bei der Kleiderwahl zu berücksichtigen. Unangemessene Kleidung wird zwar in der Regel toleriert, aber nicht gutgeheißen. Insbesondere das Tragen einer Kandura ohne persönlichen oder traditionellen Bezug zur arabischen Welt wird als unpassend angesehen. Kanduras sind knöchellange, luftige Gewänder, die oft von männlichen Emiratis im Alltag getragen werden. Wer sie nur zum Spaß trägt, riskiert, die Ehre und den Stolz der Emiratis zu verletzen und kann sogar eine Straftat begehen. Darüber hinaus wird zwischen dem öffentlichen Raum (Straßen, Einkaufszentren, Restaurants, religiöse Stätten usw.) und privaten Anlagen (Hotels oder Beachclubs) unterschieden. In privaten Bereichen gelten im Allgemeinen westliche Standards. Die folgenden Informationen beziehen sich

Shoppen und anprobieren wie in Europa - Malls in Dubai

Tradition trifft auf Moderne - Kandura

daher auf den öffentlichen Raum (außerhalb des Ramadans). Weitere Informationen zum Ramadan finden Sie auf Seite 10.

Frauen

Frauen dürfen in der Öffentlichkeit grundsätzlich alles tragen, solange es nicht gegen gesetzliche Vorgaben verstößt. Es ist beispielsweise außerhalb von Strandzonen verboten, in Badebekleidung herumzulaufen oder unverschleiert Moscheen zu besuchen. Auch zu kurze, enge, freizügige oder aufreizende Kleidung wird mancherorts als unpassend angesehen. Traditionell sollten bei den Emiratis Schultern und Knie bedeckt sein.

Männer

Für Männer gibt es abseits von traditionellen Kleidungsvorstel-lungen keine weiteren Vorgaben. Dennoch empfiehlt es sich, Schultern zu bedecken und kurze Hosen oder Shorts in gängigen Längen zu tragen. An heißen und sonnenintensiven Tagen bieten Leinenhosen oder Chinos optimalen Schutz gegen die Sonne.

Gotteshäuser

In Gotteshäusern, insbesondere in Moscheen, müssen Frauen körperverhüllende Kleidung tragen, die bis zu den Hand- und Fußknöcheln reicht und diese vollständig bedeckt. Auch das Tragen eines Kopftuchs ist notwendig. Es empfiehlt sich, gedeckte Kleidungsstücke zu wählen. Die Vorgaben für Männer sind weniger streng. Neben den allgemeinen Vorschlägen (bedeckte Schultern) sollten mindestens knielange Hosen getragen werden.

Strand

An öffentlichen Stränden können Frauen sowohl Badeanzüge als auch Bikinis tragen, jedoch nur innerhalb der Strandzone. Sobald diese verlassen wird, gelten die allgemeinen Vorschriften - dies gilt auch für Männer.

Bus

In Dubai spielt der Busverkehr nur eine untergeordnete Rolle. Obwohl das Netz sehr gut ausgebaut ist und fast alle Bereiche der Stadt erreicht werden können, wird der Bus selten von Expats oder Touristen genutzt. Das hängt vor allem mit dem geringen Stellenwert zusammen. In den VAE nutzen nur diejenigen Menschen den Bus, die sich kein anderes Verkehrsmittel leisten können. Aus diesem Grund wird niemals ein Emirati in einen Bus einsteigen. Zudem ist das Busnetz stellenweise verwirrend und nicht immer leicht

zu durchblicken. Aus diesem Grund ist Busfahren in Dubai für viele Reisende nicht die erste Wahl, zumal die Metro oder ein Taxi (zumindest auf kurzen Strecken) günstiger und komfortabler ist.

Corona

Mit Ausbruch der weltweiten Corona-Pandemie ist das internationale Reisen in vielen Aspekten erschwert worden. Umfangreiche Test- und Nachweispflichten, die Anfertigung detaillierter Einreisedokumente und eine vorherige digitale Registrierung waren bis Mitte/Ende 2022 für die Einreise in die VAE erforderlich. Auch das Installieren und Mitführen einer App auf dem Smartphone kann notwendig sein. Ähnliche Voraussetzungen galten häufig für die Rückreise in das Heimatland. Aufgrund der dynamischen Entwicklung (auch nach dem Ende der Pandemie) und der daraus resultierenden Anpassungen der Maßnahmen ist eine einheitliche Darstellung der aktuellen Formalitäten an dieser Stelle nicht möglich. Die gültigen Voraussetzungen (soweit aktuell noch vorhanden) erfragen Sie bitte bei Ihrem Reiseveranstalter oder Ihrer Fluggesellschaft an. Zusätzliche Angaben erhalten Sie beim Auswärtigen Amt.

Fähren

Seit einigen Jahren verkehren entlang der Küste und in einigen Kanälen Fährlinien. Vor allem die Fahrt vom nördlich gelegenen Creek bis in die südliche Dubai Marina (1:40 Stunden) bietet zahlreiche optische Eindrücke. Einen Überblick über die aktuellen Routen, Verkehrszeiten und Preise sind unter der Seite des Betreibers einsehbar.

URL: www.rta.ae/wps/portal/rta/ae/public-transport/marine/dubai-ferry

Feste & Feiertage

Neben einigen weltlichen Feiertagen, berechnen sich viele religiöse Feiertage nach dem islamischen Mondkalender und finden dementsprechend jedes Jahr an einem anderen Tag statt.

Weltliche Feiertage
01. Januar - Neujahr
06. August - Machtübernahme Dubais durch Zayed bin Sultan Al Nahyan nach unblutigem Putsch
02. Dezember - Nationalfeiertag

Religiöse Feiertage
(Tage variieren)
Aschura - Gedenken an die Schlacht von Kerbela (10. Tag des Monats Muharram)
Maulid an-Nabī - Geburtstag des Propheten Mohammed (12. Nacht des dritten Monats)
Lailat al Miraj - Nacht der Himmelfahrt (27. Tag des islamischen Monats Radjab)
Eid al-Fitr - Ende des Ramadan (unmittelbar nach Ende des Monats Ramadan)
Eid al-Adha - Opferfest (10. Tag des islamischen Monats Dhū l-Hiddscha, dauert vier Tage lang)
Al-Hijra - Islamisches Neujahrsfest

Gesundheit

Für Reisende aus Europa gelten keine besonderen Schutzmaßnahmen. Dennoch ist es immer ratsam, sich gegen die gängigen Infektionen wie Tetanus oder Diphtherie aktiv impfen zu lassen. In den VAE sind die Hygienevorschriften für Lebensmittel insgesamt hoch. Im Falle einer Erkrankung während Ihrer Reise können Sie eines der hochmodern ausgestatteten Krankenhäuser aufsuchen.

Hafen

Dubai verfügt über mehrere Häfen, darunter zwei gut ausgebaute Kreuzfahrthäfen. Der Hafen Port Rashid liegt im Norden der Stadt, in der Nähe des Dubai International Airport. Aus Sicherheitsgründen ist der Zugang zum Hafen nur per Taxi oder Bus möglich. Die genaue Lage des Hafens ist auf der beigefügten Faltkarte markiert. Ein weiterer moderner Hafen, der Dubai Harbour, befindet sich im Herzen der Dubai Marina. Dieser exklusive Hafen wurde in Zusammenarbeit mit der Carnival Corporation entwickelt, weshalb er ausschließlich von Kreuzfahrtschiffen dieser Reederei angesteuert wird.

Int. Flughäfen
Dubai International Airport

Die meisten internationalen Flüge landen am zentral gelegenen Dubai International Airport. Dieser moderne Flughafen verfügt über drei Terminals. Für die Fahrt vom Flughafen ins Stadtzentrum stehen rund um die Uhr Taxis zur Verfügung. Zusätzlich besteht die Möglichkeit, die Metro vom Flughafen in die Stadt zu nutzen. Die Haltestellen der Red Line befinden sich am Terminal 1 und 3. Zusätzlich verfügt Dubai mit dem Al Maktoum International Airport (auch Dubai World Central genannt) über einen zweiten, rund 35 Kilometer vom Zentrum entfernten Flughafen . Bisher wird dieser nur von einigen Billigfluggesellschaften und Charteranbietern angeflogen. Trotz seiner abgeschiedenen Lage im Süden von Jebel Ali (rund 35 Kilometer vom Zentrum entfernt) verfügt der Flughafen über keine nennenswerte Anbindung an die öffentlichen Verkehrsmittel. Taxis verkehren dort dagegen den ganzen Tag über.

Klima

Das Klima in Dubai ist fast das gesamte Jahr über warm bis heiß. Im Sommer (Mai bis September) werden Tagestemperaturen von 40 bis (vereinzelnd) 50 Grad erreicht. Dazu kommt eine hohe Luftfeuchtigkeit von bis zu 80 Prozent. Aus diesem Grund gilt der Sommer in Dubai als Nebensaison und viele Hotels senken ihre Preise. Im Winter (Oktober - April) erreichen

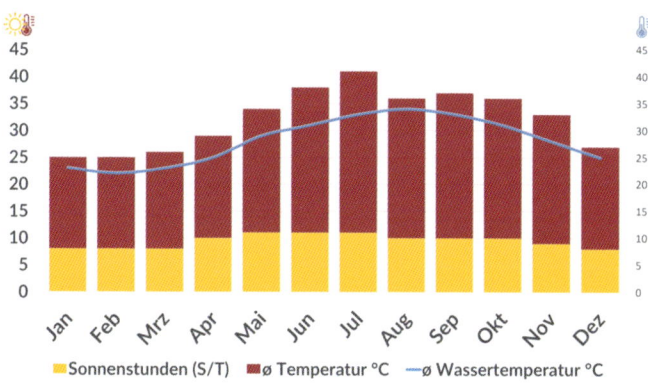

die Temperaturen immer noch warme 25 bis 35 Grad. Die Luftfeuchtigkeit ist geringer, weshalb diese Monate als optimale Reisezeit gelten. Im Winter gibt es zudem einige wenige verregnete Tage, die mit etwa zwei Regentagen pro Monat aber zu vernachlässigen sind. Die Wassertemperatur am Persischen Golf steigt in den Sommermonaten auf bis zu 30 Grad, während die Temperatur in den Wintermonaten (vor allem Januar und Februar) auf 22 Grad sinken kann.

Konsulate

Deutschland

Generalkonsulat Dubai
Jumeirah I, Straße 14 A
Tel: (0971) (0)4 349 8888
URL: www.dubai.diplo.de

Österreich

Botschaft in Abu Dhabi
Sky Tower, Office Nr. 504, Reem Island
Abu Dhabi
Tel: (+971/2) 6944999

Schweiz

Generalkonsulat Dubai
Dubai World Trade Center
Dubai
Tel: (0971) (0)4 329 09 99
URL: www.eda.admin.ch/dubai

Metro

In Dubai verkehrt entlang der wichtigsten Punkte der Stadt ein modernes Metro-Netzwerk. Das Netz umfasst zwei Linien. Die Red Line verläuft von der Centrepoint Station über den Dubai International Airport bis nach Jebel Ali, wo sie sich weiter verzweigt. Diese Linie verbindet bedeutende Orte wie die Dubai Mall und den Burj Khalifa.

Die Green Line verkehrt zwischen den Stationen Creek und Etisalat und verläuft hauptsächlich durch die Bezirke Bur Dubai und Deira. Die Haltestellen sind alle modern ausgestattet. Die Züge werden automatisch gesteuert und bieten drei verschiedene Klassen. Ein Wagen am Zugende ist Inhabern einer Goldkarte vorbehalten, während ein weiterer Wagen ausschließlich von Frauen mit ihren Kindern genutzt werden kann. Die übrigen Waggons sind für alle anderen Fahrgäste zugänglich.

Fahrkarten

Die Auswahl des passenden Tickets wurde in den letzten Jahren erheblich vereinfacht. Für alle Ticketvarianten wird zunächst eine Nol-Karte benötigt (Preise liegen zwischen 2 und 25 AED). Diese Karten können an Automaten oder Informationsschaltern erworben werden, die an allen Stationen verfügbar sind. Anschließend werden die Karten ähnlich wie Prepaid-Telefone mit Guthaben aufgela-

Modern und überirdisch - Metro in Dubai

ten sich nach den durchfahrenen Zonen. Dieses Abrechnungsmodell gibt es sowohl für die Standardklasse als auch für die 1. Klasse mit der Goldcard. Für Touristen und Besucher bietet sich die Redcard an. Diese Karte kann in zwei Varianten erworben werden. Zum einen kann diese vorab exakt mit dem Betrag für die geplanten Strecken aufgeladen werden. Die Kosten werden hierbei nach Zonen berechnet, von denen es insgesamt sieben gibt. Insbesondere bei kurzen Strecken ist diese Option die kostengünstigere Wahl. Alternativ kann die Redcard auch als Tageskarte (maximal fünf Tage) genutzt werden. Für einen Preis von 20 AED pro Tag können beliebig viele Fahrten unternommen werden.

Mietwagen

Das Mieten eines Fahrzeugs stellt in den VAE kein Problem dar. Neben einem gültigen Führerschein wird in einigen Fällen auch ein internationaler Führerschein benötigt, der bei einer Verkehrsbehörde in Deutschland sofort ausgestellt werden kann. Für Fahrer gilt ein striktes Alkoholverbot (0,0 Promille). Die meisten Fahrzeuge sind mit Automatikgetrieben und Klimaanlagen ausgestattet. Verkehrsschilder sind sowohl auf Arabisch als auch auf Englisch verfasst. In den gesamten VAE herrscht Rechtsverkehr. Die Straßen in den Städten und auf dem Land sind in ausgezeichnetem Zustand. Bekannte internationale Autovermietungen sind an Flughäfen und in Städten vertreten. In Dubai herrscht den ganzen Tag über dichter

Verkehr, was gelegentlich zu längeren Staus führen kann. Das Fahrverhalten der Autofahrer ist meist moderat, obwohl es nicht unbedingt den deutschen Standards entspricht. An einigen Stellen erfordert die Fahrt vielleicht etwas Entschlossenheit, um das gewünschte Ziel zu erreichen. Zusätzlich sind einige Hauptverkehrsstraßen mautpflichtig. Die Durchfahrt wird automatisch erfasst, und die Gebühr wird bei der Rückgabe des Fahrzeugs an der Mietstation berechnet. Ein bemerkenswerter Punkt ist zweifellos der Besuch einer Tankstelle. In den Emiraten liegt der durchschnittliche Preis für einen Liter Super bei etwa 70 Cent.

Notruf

Die allgemeingültige Notrufnummer der Polizei in den VAE lautet **999**. Einen Krankenwagen können Sie unter **998** rufen. Die Feuerwehr erreichen Sie unter **997**.

Bei medizinischen Problemen können Sie darüber hinaus auch ein German Medical Center aufsuchen. Telefonnummern:
+971 0 65750280 oder
+971 4 4322989.

Post

Dubai verfügt über ein modernes Postsystem. Gleichwohl sind öffentliche Postkästen eher selten zu finden. Möchten Sie eine Postkarte in die Heimat schicken, so empfiehlt es sich, diese in ihrem Hotel abzugeben. Die meisten Hotels nehmende Post an einem Postkasten oder direkt über die Rezeption entgegen. Briefmarken erhalten Sie entweder in Lebensmittelgeschäften (an der Kasse fragen) oder in Hotels.

Ramadan

Während des Ramadans müssen Reisende mit Einschränkungen im Alltag rechnen. In dieser Zeit ist es den religiösen Muslimen nicht erlaubt, tagsüber von Sonnenaufgang bis Sonnenuntergang etwas zu essen oder zu trinken. Dies hat zur Folge, dass viele Geschäfte, Restaurants und Behörden während des Tages geschlossen bleiben und erst in den Abendstunden wieder öffnen.

Ramadan - Öffentlicher Raum

Besondere Aufmerksamkeit gilt für Reisende in der Öffentlichkeit. Essen, Trinken und Rauchen sind tagsüber auch für Nichtmuslime verboten. Das Verbot gilt auch in Fahrzeugen. Sogar das Kauen von Kaugummi in der Öffentlichkeit während dieser Zeit ist verboten und wird bestraft. Frauen sollten während des Ramadans dezente und langärmelige Kleidung tragen. Das gilt auch an öffentlichen Stränden. Für Männer empfiehlt es sich, keine zu kurze Freizeitkleidung zu tragen.

Ramadan Zeitraum:
2024: 10. März bis 09. April
2025: 28. Februar bis 30. März
2026: 16. Februar bis 18 März

Rauchen
Rauchen ist in allen öffentlichen Bereichen und Gebäuden verboten. Für Raucher gibt es ausgeschilderte Raucherzonen. Beachten Sie außerdem, dass Rauchen während des Ramadans tagsüber komplett verboten und strafbar ist.

Reisedokumente
Für die Einreise in die VAE benötigen Sie einen Reisepass, der noch mindestens sechs Monate nach Ausreise gültig sein muss. Ein vorläufiger Reisepass wird nach aktuellem Stand nicht akzeptiert. Bei der Einreise erhalten Sie einen Stempel, der Ihnen einen Aufenthalt von 90 Tagen innerhalb einer Periode von 180 Tagen, bei mehrmaligen Ein- und Ausreisen, ermöglicht. Darüber hinaus gibt es weiterhin spezielle Touristenvisa, die vor Einreise beantragt werden können. Kinder unter 18 Jahren benötigen entweder einen Kinderreisepass oder einen eigenen Reisepass. Aufgrund der ungeklärten Situation der Gültigkeit eines Kinderreisepasses wird die Mitnahme eines eigenen Reisepasses für das Kind empfohlen. An allen internationalen Flughäfen der VAE können biometrische Daten (Irisscan, Fingerabdruck) von jedem Reisenden erstellt werden.

Die Einfuhr bestimmter Medikamente in die VAE ist verboten. Bei Unklarheiten empfiehlt das Auswärtige Amt, sich vorab mit

einem Arzt oder einem Vertreter der VAE beraten zu lassen.

Sicherheit

Die VAE zählen zu den sichersten Ländern im Nahen Osten mit einer äußerst niedrigen Kriminalitätsrate. Trotzdem empfiehlt das Auswärtige Amt aufgrund der insgesamt unruhigen Lage im Nahen Osten eine angemessene Wachsamkeit und Zurückhaltung an öffentlichen Orten. Rücksichtnahme auf die kulturellen, religiösen, sozialen und politischen Traditionen des Landes ist angebracht. Alleinreisende Frauen sowie weibliche Jugendliche empfiehlt sich nach Einbruch der Dunkelheit eine besondere Wachsamkeit. In großen Menschenmengen, z. B. in Einkaufszentren, besteht ein erhöhtes Risiko von Taschendiebstählen.

Sonnenschutz

Einen Sonnenbrand zu bekommen ist nicht nur schmerzhaft, sondern auch gefährlich für die Haut. In Dubai herrscht ganzjährig eine starke UV-Strahlung, sodass die Haut schnell angegriffen wird. Ohne ausreichenden Sonnenschutz besteht damit die Gefahr eines unangenehmen Sonnenbrandes.

Sprache

Die Amtssprache in den VAE, einschließlich Dubai, ist Arabisch. Aufgrund der hohen Anzahl an Gastarbeitern ist Englisch ebenfalls weit verbreitet. In Hotels und öffentlichen Bereichen wird Englisch uneingeschränkt gesprochen. Dies gilt aber möglicherweise nicht für Taxifahrer. In diesen Fällen kann eine Karte als Hilfe dienen. Verkehrsschilder und andere offizielle sowie touristische Texte sind in der Regel auf Arabisch und Englisch gedruckt.

Schilder sind immer zweisprachig

Strom

Der Betrieb europäischer Geräte stellt bei einer Stromspannung von 220 bis 240 Volt, 50 Hertz keine Probleme dar. Für die Verwendung wird allerdings ein dreipoliger Adapter nach englischem Vorbild benötigt. Flache Stromstecker können oftmals auch ohne zusätzlichen Adapter benutzt werden.

Adapter erhalten Sie, wenn nicht schon vor der Reise angeschafft, entweder in Ihrem Hotel oder in vielen Geschäften.

Taxi

In der Regel ist eine Taxifahrt die schnellste, bequemste und preiswerteste Möglichkeit, um ein Ziel in Dubai zu erreichen. Im Vergleich zu Europa sind die Taxipreise günstig. Alle Taxis sind mit einem Taxameter ausgestattet und in den meisten Fällen handelt es sich um moderne Fahrzeuge. Die Taxifahrer sind ohne Ausnahme ausländische Gastarbeiter, die im schlimmsten Fall über keine Ortskenntnisse verfügen - ähn-

lich wie der unkundige Reisende. Es ist daher wichtig, dem Fahrer immer einen markanten Ort wie z.B. die Dubai Mall oder ein Hotel zu nennen, da Straßennamen oft nicht zum Ziel führen. Wenn es sich um einen weniger bekannten Ort handelt, kann eine mitgeführte Karte helfen. Neben den regulären Taxis gibt es auch sogenannte »Luxus-Taxis«, oft schwarze Limousinen, die ihre Dienste zu einem deutlich höheren Preis anbieten, aber einen erhöhten Fahrkomfort bieten. Diese Taxis sind nicht immer leicht erkennbar. Bei Unsicherheiten sollte daher vor Fahrtantritt nach dem Preis gefragt werden.

Telefonieren

Festnetztelefone befinden sich in fast allen Hotelzimmern. Öffentliche Telefone wie Telefonzellen finden sich vermehrt in Malls sowie direkt an den Straßen. Hierfür wird in den meisten Fällen eine Telefonkarte benötigt, die überall gekauft werden kann.

Viele deutsche Mobilfunkanbieter verfügen über ein Roaming-Netz in den VAE. Bitte beachten Sie, dass sowohl die Kosten für ausgehende als auch eingehende Anrufe sowie SMS stark erhöht sein können. Dies gilt genauso für das Einwählen in das mobile Internet. Die Abschaf-

(!) **Taxameter**

Achten Sie immer darauf, dass der Fahrer erst zu Beginn der Fahrt das Taxameter einschaltet, ansonsten kann es zu unerwünschten Mehrkosten kommen. Die Preise sind in jedem Taxi einsehbar

fung der Roaming-Gebühren seit Juni 2017 gelten nicht für den arabischen Raum.

In allen Fällen müssen Sie eine Vorwahl für das entsprechende Land wählen.

Internationale Vorwahlnummern:

Deutschland: 0049
Österreich: 0043
Schweiz: 0041
VAE: 00971

Trinkgeld

Trinkgeld wird in Dubai grundsätzlich nicht erwartet, ist aber gerne gesehen. In den meisten Restaurants oder für Spa-Anwendungen wird eine Servicepauschale automatisch erhoben, die mit der Rechnung beglichen wird. Gleichwohl freuen sich die Mitarbeiter über ein zusätzliches Trinkgeld von etwa 10 Prozent - das gilt auch für Taxifahrer. Hier runden Sie entweder den fälligen Betrag auf eine volle Summe auf oder sie schlagen fünf bis zehn AED auf.

Verhalten & Religion

Die Staatsreligion in allen Emiraten der VAE ist der Islam. Obwohl dieser insgesamt gemäßigt ausgelebt wird, weichen (möglicherweise) das alltägliche Leben sowie einige Gewohnheiten stark von eigenen Vorstellungen ab. So wird bei den Emiratis kein Alkohol getrunken und im Alltag keine zu freizügige Kleidung von beiden Geschlechtern getragen. Paare sollten darauf achten, keine zu offensichtlichen Zärtlichkeiten auszutauschen. Öffentliches Küssen kann in Dubai und allen VAE bestraft werden. Auch das sonst übliche Händchenhalten ist verpönt. Lautes Fluchen oder öffentliche Beschimpfungen sind ebenfalls verboten. Homosexualität ist in den VAE ein heikles Thema und steht unter schwerer Strafe. Die Gesetzgebung in Dubai basiert auf der Scharia, einem Regelwerk aus religiösen und rechtlichen Normen, das in einigen Bereichen von westlichen Vorstellungen abweicht. Handlungen oder Verhaltensweisen können in Dubai unter Strafe stehen, die in anderen Ländern nicht strafbar sind. In der Vergangenheit gab es internationale Aufmerksamkeit für Fälle, in denen Ausländer vermeintlich zu Unrecht verhaftet wurden. Es ist jedoch wichtig zu beachten, dass es sich dabei oft um spezielle Situationen handelte. Ausländer sollten nicht zögern, in einer Notsituation oder bei Gefahr die Polizei zu rufen.

Währung

Offizielle Währung in den VAE ist der Dirham (AED). Der Wechselkurs beträgt ungefähr 1 Euro

Wochenende

Die VAE haben zum Jahresbeginn 2022 ihre Wochenenden neu definiert. Als islamisch geprägtes Land galten bisher der Freitag und Samstag als Wochenende. Zur Anpassung an die globalen Märkte sind nun der Samstag und Sonntag Wochenendtage. Vor allem Behörden und staatliche Institutionen bleiben an diesen Tagen geschlossen. Dennoch bleibt der Freitag weiterhin der offizielle Gebetstag, was dazu führt, dass viele Geschäfte zumindest zeitweise geschlossen bleiben. Von diesen Änderungen sind jedoch so gut wie alle großen Malls und Touristenattraktionen unberührt, da sie grundsätzlich sieben Tage die Woche geöffnet haben.

für 4,00 Dirham. In Dubai finden sich am Flughafen und in Einkaufszentren Wechselstuben oder Geldautomaten. Geschäfte sowie Restaurants akzeptieren alle gängigen Kreditkarten - das gilt auch für immer mehr Taxis. Bei Kreditkartenzahlungen können Auslands- und Fremdwährungsgebühren anfallen. In einigen Fällen akzeptieren Händler auch Euro oder US-Dollar. Hierbei sollte ein guter Wechselkurs ausgehandelt werden.

Zeitzone

Dubai liegt in der Zeitzone UTC +4. Während der Sommerzeit muss die Uhr um zwei, in der Winterzeit um drei Stunden vorgestellt werden.

DUBAI

WILL KOM MEN

Willkommen in Dubai

Willkommen in Dubai - Willkommen im modernen Märchen aus 1001 Nacht. Kaum eine andere Stadt hat sich in den letzten Jahrzehnten so drastisch verändert wie Dubai. Heutzutage prägen atemberaubende Wolkenkratzer das Stadtbild, die zugleich den Reichtum und Wohlstand Dubais widerspiegeln. Eine Entwicklung, die noch in den 1970er Jahren undenkbar schien. Damals war Dubai nicht mehr als eine kleine Küstenstadt mit vereinzelten Häusern im Sand der Wüste. Das Leben der Menschen war einfach, viele lebten vom Fischfang oder vom Handel.

Seit dem Beginn des Ölbooms hat sich jedoch alles verändert. Dubai verwandelte sich schlagartig in eine riesige Baustelle mit immer neuen Superlativen. Das Geld floss genauso reichlich wie das Öl, sodass in den Anfangsjahren kaum genug ausgegeben werden konnte, um die Staatskassen zu leeren. Im Laufe der Jahre entstand so ein völlig neues Dubai mit einer atemberaubenden Skyline. Doch das Verlangen nach dem scheinbar Unmöglichen wuchs immer weiter und so begann man mit dem Bau von ambitionierten Projekten wie der Erschaffung von gestalterischen

Blick auf den Burj Khalifa

Sandinseln vor der Küste. Was von vielen Experten zunächst als nicht umsetzbar angesehen wurde, ist heute beeindruckende Realität. Die Inseln sind jedoch nur eines von vielen Highlights. Vor allem der spektakulär anzusehen Burj Khalifa (S. 40), das aktuell höchste Gebäude der Welt, weiß zahlreiche Besucher zu faszinieren. Und so findet sich an jeder Ecke ein Gebäude, eine Einkaufsmall oder eine Attraktion, die höher, größer oder moderner ist als alle anderen auf der Welt.

Luxus hinter der Fassade

Hinter dieser glitzernden Fassade verbirgt sich jedoch mehr, als auf den ersten Blick erkennbar ist. Sie ist vielmehr der Ausdruck des wahren Ziels der Emiratis - ultimativer Wohlstand. Während die imposanten Gebäude eine wichtige Rolle in der Außendarstellung des Emirates spielen, legen die Bewohner viel mehr Wert auf innerpolitische Maßnahmen. Kostenlose Bildung, kostenlose Krankenversicherung, steuerfreies Leben und ein Zuschuss von umgerechnet 14.000 Euro für jedes arabische Paar, das in Dubai

Abras am Ufer von Deira

Die Skyline der Dubai Marina mit dem neuen Riesenrad

heiratet, sind nur einige der entscheidenden Faktoren, die den Wohlstand Dubais ausmachen. Der eigentliche Luxus herrscht dort, wo ihn Besucher des Landes nicht sehen. Doch gerade diese Maßnahmen machen das Leben in Dubai so einzigartig. Als Ausländer oder Expat hat man jedoch kaum Zugang zu diesem privilegierten Lebensstil. Die Zuschüsse kommen ausschließlich den einheimischen Emiratis zugute. Gastarbeiter, unabhängig von ihrer Position, haben nur begrenzten Anteil am Reichtum des Landes. Daher erhält man auch nur dann eine Aufenthaltsgenehmigung, wenn man durch eine feste Anstellung zur Förderung der Wirtschaft des Landes beiträgt. Der Grundstein für das heutige Dubai wurde jedoch nicht durch das Öl gelegt, sondern durch den aufstrebenden Handel mit Perlen, der dem Emirat zu einem ersten wirtschaftlichen Aufschwung verhalf.

Dubai im 19. Jahrhundert
Herrscherfamilie Ausgrabungen belegen, dass bereits vor über 5.000 Jahren die ersten Siedlungen in der Nähe des Creeks entstanden, einem natürlichen Meeresarm, der mehrere Kilometer ins Landesinnere reicht. Doch erst im 19. Jahrhundert ließen sich größere Gruppen entlang der Küste des Persischen Golfs nieder und errichteten ein erstes Dorf - das heutige Abu Dhabi. Das Leben in der Wüste galt bis dahin als äußerst beschwerlich, und die Handelsstraßen wurden hauptsächlich von Beduinen mit ihren Kamelen beherrscht. Entlang der Küste siedelten sich jedoch vermehrt Fischer an, die mit ihren selbstgebauten Booten von den reichen Fischgründen vor Ort profitieren wollten. Bald darauf entstanden weitere Siedlungen entlang der Küste, darunter auch Dubai, das zunächst aber unter der Herrschaft von Abu Dhabi stand. Gleichzeitig kam es immer wieder zu kleineren Konflikten zwischen den verfeindeten Stämmen, worunter die Bevölkerung litt und die Region destabilisierte. Ein erster Vertrag unter britischer Vermittlung zwischen den verschiede-

Dubai am Creek um 1960

nen Stämmen entlang der Küste im Jahr 1820 sollte Frieden in der Region gewährleisten, blieb jedoch ohne bedeutende Wirkung. Schließlich löste sich im Jahr 1833 Maktoum Bin Buti, ein Mitglied des Hauses der Falasi, das wiederum zum Bani Yas-Stamms zählte (deren Herrscherfamilie Abu Dhabi gründete), von Abu Dhabi ab. Er gründete mit seiner Familie und seinen Anhängern ein kleines Dorf auf der Halbinsel Shindagha am Creek und erklärte damit Dubai für unabhängig von Abu Dhabi. Dieses Ereignis markiert die Geburtsstunde des Emirats Dubai und verlieh der Familie Maktoum die Herrschaft über das Land, die sie bis heute innehat. Die erste Blütezeit erlebte die Region mit der Entdeckung von Meeresperlen. Die Menschen begaben sich in mühsame und gefährliche Tauchgänge, um Muscheln vom Meeresboden zu sammeln. Doch die harte Arbeit zahlte sich aus, da sich dadurch der Handel mit dem europäischen Festland entwickelte. Die Perlen brachten unerwarteten Reichtum in die trostlose Wüstenregion und legten den Grundstein für die spätere Handelsmetropole am Persischen Golf.

Die Rolle Großbritanniens

Infolge des florierenden Handels mit Europa waren die Handelsschiffe im Persischen Golf vermehrt Angriffen von Piraten ausgesetzt. Der bereits fragile Friedensvertrag von 1820 drohte nun komplett aufgegeben zu werden. Getrieben vom Anspruch, die Region um den Golf zu kontrollieren und damit auch ihre eigenen Handelsrouten

Al Fahidi Fort - Dubais ältestes Bauwerk

nach Indien zu schützen, nahm Großbritannien erneut Kontakt zu den Emiraten auf. Sie boten den Herrschern vor Ort Sicherheit für ihre Länder an. Im Gegenzug erwarteten die Briten die Kontrolle über die Küsten- und Seewege. Dadurch wäre Großbritannien die vollständige Kontrolle über die Meeresregion am Persischen Golf zuteilgeworden. Die einzelnen Emirate - damals noch nicht in einem Bündnis vereint - fürchteten weiterhin Übergriffe ihrer Nachbaremirate auf ihr eigenes Territorium. Zudem waren sie nicht in der Lage, die Sicherheit ihrer eigenen Seehandelswege vor den Piraten zu gewährleisten. Aus diesem Grund unterzeichneten die Emirate, darunter Abu Dhabi und Dubai, im Jahr 1853 erneut einen Vertrag mit Großbritannien. Dubai wurde zum Protektorat Großbritanniens und die Trucial States waren geboren.

Dubai ab dem 20. Jahrhundert

Der blühende Handel mit Perlen eröffnete der Stadt weiterhin ein ungeahntes Wirtschaftswachstum. Menschen aus dem Umland sowie aus Iran und Pakistan zogen nach Dubai und trugen zum raschen Wachstum der Stadt bei. Dubai wurde schnell zum wichtigsten Handelshafen der Region und verfügte über die größten Handelsmärkte (Souks). Jedoch kam das Wachstum der Stadt im Jahr 1940 abrupt zum Stillstand, als der Markt plötzlich von wesentlich günstigeren Zuchtperlen aus Japan überschwemmt wurde. Die Preise für echte Perlen sanken drastisch und das bis dahin immer noch aufwendige Tauchverfahren war nicht mehr rentabel. Die Perlenwirtschaft in Dubai brach vollständig zusammen. Dennoch erholte sich die Stadt in den folgenden Jahren schnell. Vor allem vom lukrativen Handel mit Gold und Gewürzen profitierte Dubai als zentraler Umschlagplatz der Region.

Unerwartetes Glück - Öl

Trotz der etablierten Position als bedeutender Handelshafen am Persischen Golf sollte sich die Zukunft Dubais 1966 mit dem Fund des ersten Erdölvorkommens schlagartig ändern. Schnell begannen die Quellen unermüdlich zu sprudeln und brachten mit dem schwarzen Gold einen nie dagewesenen Reichtum ins Emirat. In den folgenden Jahren wurden auch in den anderen Emiraten, insbesondere in Abu Dhabi, weitere Erdölvorkommen entdeckt. Die Region erlebte eine weitere Hochphase - die bis heute anhält. Die Herrscherfamilie Maktoum wusste den Reichtum effektiv einzusetzen und es wurden rasch die ersten modernen Bauprojekte umgesetzt. Die zentralen Schwerpunkte lagen dabei zunächst auf den Ausbau von Häusern, der Infrastruktur und Bildung. Mit dem Wohlstand hielt auch ein Bauboom ungeahnten Ausmaßes Einzug und mit dem kontinuierlichen Wachstum der Emirate verstärkte sich der Wunsch nach einer Unabhängigkeit von Großbritannien. Die Herrscherfamilien trafen sich zu ersten Zusammenkünften, um die eigenständige Sicherheit der Re-

EINGE SCHO BEN

EXPO 2020

Ursprünglich sollte die EXPO 2020 in den Wintermonaten Oktober 2020 bis April 2021 in Dubai stattfinden. Doch infolge der weltweiten Corona Pandemie kam es zu einer Verlegung um ein ganzes Jahr. Pünktlich zum 1. Oktober 2021 eröffnete die erste Weltausstellung in einem arabischen Land ihre Tore. 192 Nationen präsentierten ihr Land in Pavillons und unter einem der drei großen Themenfelder Nachhaltigkeit, Mobilität und Chancen. Angestrebt waren 25 Millionen Besucher. Diese Zahl musste bereits um rund die Hälfte nach unten korrigiert werden. Die Fläche soll zukünftig für Wohnhäuser genutzt werden.

gion und ihrer Seewege zu diskutieren. Daraufhin folgten zähe Verhandlungen zwischen den Emiraten und Großbritannien, die am 2. Dezember 1971 in die Unabhängigkeit der Emirate mündeten. Noch am selben Tag wurden die Vereinigten Arabischen Emirate (VAE) unter der Führung des Emirats Abu Dhabi und seines Emirs Scheich Zayed bin Sultan Al Nayan gegründet. Die VAE bestehen bis heute aus einer Föderation von sieben Emiraten - Abu Dhabi, Adschman, Dubai, Fudschaira, Ra's al-Chaima, Schardscha und Umm al-Qaiwain.

Dubai heute

Dank des Baubooms entstand quasi aus dem Nichts und innerhalb weniger Jahrzehnte eine der modernsten und beeindruckendsten Städte der Welt. Aufgrund der fortlaufenden Öleinnahmen war es Dubai lange möglich, ehrgeizige Projekte zu finanzieren und damit das Stadtbild regelmäßig zu verändern. Doch angesichts der ersten Prognosen eines nahenden Erschöpfens der Erdölreserven beschloss die Herrscherfamilie eine Kursänderung, hin zur Entwicklung des Handels und des Tourismus. Auch dieser Plan wurde mit Einsatz mehrerer Milliarden aus dem Herrschervermögen erfolgreich umgesetzt, sodass das Öl heutzuta-

ge nur noch 5% des Bruttoinlandsprodukts ausmacht. Dabei zeigte sich jedoch auch, dass Dubai sich nicht vor globalen Veränderungen der Weltwirtschaft abschotten kann. Viele ambitionierte Bauprojekte gerieten mit dem Beginn der Weltwirtschaftskrise 2007 in Bedrängnis, wodurch Dubai gezwungen war, einen milliardenschweren Kredit beim Nachbaremirat Abu Dhabi aufzunehmen. In den letzten Jahren hat sich der wirtschaftliche Motor des Emirats jedoch wieder vollständig erholt - und auch Corona zeigt rückwirkend kaum Auswirkungen. Das Öl fließt weiterhin und die jährlichen Besucherzahlen steigen stetig an. Als Folge davon wird in Dubai unermüdlich weitergebaut. Dennoch bleibt die große Frage, ob es dem Emirat gelingen wird, auch in Zukunft die ehrgeizigen Bauziele sowie den hohen Wohlstand der Bevölkerung aufrechtzuerhalten. Aktuell scheint Dubai aber einer großartigen Zukunft entgegenzublicken, auch, da sie zweifelsohne eine der faszinierendsten Städte der Welt ist.

Über den Autor

Liebe Leserin, lieber Leser,
als Reiseautor bin ich immer wieder aufs Neue fasziniert und überrascht von der schier grenzenlosen Vielfalt unserer Erde. Neben den offensichtlichen Eindrücken, ausgehend von Architektur, Kultur sowie der Schönheit der Natur, sind es vor allem auch subtile Formen aus Emotionen, Gerüchen und dem Spüren lokaler Lebensgefühle, die das Reisen so abwechslungsreich machen. Und obwohl die Allermeisten die »schönste Zeit des Jahres« vornehmlich zum Abschalten vom Alltag nutzen, bietet jede Reise auch die Möglichkeit, neue Perspektiven und Erfahrungen zu sammeln.

Das trifft selbstverständlich auch auf die VAE und im Speziellen auf Dubai zu. Der rasante Aufstieg eines unbeachteten Beduinenvolkes hin zu einer der modernsten Regionen der Welt weiß zu beeindrucken. In knapp über 100 Jahren ist aus einer von Wüstensand bedeckten Küste ein Zentrum interkultureller Begegnungen entstanden - mit positiven wie negativen Auswirkungen. Dabei sind es vor allem Gegensätze, die diese Region so reizvoll machen. Beispielsweise der Kontrast zwischen Moderne und Tradition, aber auch der Drang zum Ge-

stalten und expandieren, während vor den Stadttoren weiterhin die unbarmherzige Sandwüste lauert. Und obwohl die VAE heutzutage vornehmlich für Wohlstand und Luxusurlaube bekannt sind, wird sich auch diese Region nicht vor den großen, weltumspannenden Herausforderungen der Zukunft verstecken können - noch so ein Gegensatz. Damit ist Dubai weitaus mehr als nur eine glitzernde Fassade und damit einen genaueren Blick wert - mein Reiseinteresse ist definitiv geweckt worden. Und so halten Sie nun einen Reiseführer in den Händen, den ich mit viel Liebe zum Detail, intensiver Recherche und ausgiebigen Erkundungen mit Inhalt gefüllt habe. Mein Ansatz konzentriert sich dabei stets auf das Motto: »Ein Reiseführer von einem Reisenden für Reisende«. Damit sollten bei einem Erstbesuch keine Schwierigkeiten bei der Entdeckung der Stadt entstehen. Ich hoffe, das Buch dient Ihnen als optimaler Begleiter für Ihre Reise nach Dubai.
Ihr Autor

Dubai - Emirat und Stadt

Dubai - da denkt man unweigerlich an die aufstrebende Metropole am Persischem Golf. Doch anders als beispielsweise »Monaco« ist Dubai kein Stadtstaat. Die moderne Metropole, oft zur Abgrenzung als Dubai-Stadt bezeichnet, fungiert lediglich als Hauptstadt des gleichnamigen Emirats. Ein Emirat wiederum ist ein von einem Fürsten geführter Staat. Mit einer Ausdehnung von 3.558 Quadratkilometern übertrifft Dubai die Fläche des Saarlands um rund 1.000 Quadratkilometer. Im Vergleich zum benachbarten Emirat Abu Dhabi ist es jedoch nach wie vor eher klein. Dieses erstreckt sich über insgesamt 67.340 Quadratkilometer und ist somit das größte der sieben Vereinigten Emirate. Dennoch weisen Dubai und Abu Dhabi eine ähnlich hohe Bevöl-kerungszahl von etwa 2,2 Millionen Menschen auf. In manchen Statistiken führt Dubai sogar. Über 85% dieser Bevölkerung leben und arbeiten in Dubai-Stadt. Im restlichen Emirat, das ausschließlich aus Wüste besteht, finden sich nur vereinzelte, kaum nennenswerte Siedlungen. Gelegentlich wird unter schwierigen Bedingungen Landwirtschaft betrieben, was zu grünen Oasen innerhalb der Wüste führt.

Hatta

Eine Ausnahme bildet die Exklave »Hatta«, eingebettet im zu Oman gehörenden »Hadschar Gebirge«. Dieser abgelegene Ort, wie auch das umliegende Territorium, zählen ebenfalls zu Dubai und damit zu den VAE. Auf dieser Hochebene leben seit dem 18. Jahrhundert rund

Herrscherfamilie Maktoum

Seit 2006 ist Scheich Muhammad bin Raschid Al Maktoum der Emir des Emirats Dubai. Als souveräner Herrscher von Dubai liegt die Führung des Landes in seinen Händen. Die Familie Maktoum regiert das Emirat seit seiner Gründung und folgt gemäß ihrer Familienordnung dem Prinzip der dynastischen Erbfolge, bei dem die Herrschaft nach dem Ableben eines Emirs auf einen Nachkommen der Familie übertragen wird. Bislang haben zehn Emire die Herrschaft über Dubai ausgeübt.

Der Hatta Stausee im Hadschar-Gebirge

12.000 Menschen. In den Sommermonaten herrschen hier deutlich angenehmere Temperaturen als an der Küste, weshalb die Scheichfamilie diesen Ort schon früh als Sommerresidenz auswählte und bis heute eines seiner drei Anwesen als Rückzugsort nutzt.

Wüste

In den letzten Jahren hat sich die politische Ausrichtung verstärkt auf die Wüste gerichtet. Neue Pläne sehen eine Erweiterung der Stadt in Richtung Wüste vor, da die Küste des Emirats bereits komplett bebaut ist. Die Wüste wurde bisher vorwiegend als touristisches Ziel wahrgenommen. Neben einigen Hotelresorts sind es Aktivitäten wie Kamelsafaris oder Quadtouren, die Menschen in diese vermeintliche Einöde locken. Jedoch gewinnt die Wüste auch wirtschaftlich an Bedeutung. Ein großer Teil der Stromversorgung soll zukünftig direkt aus der Wüste stammen. Bis 2030 plant Dubai den Bau des größten Solarkraftwerks der Welt im Wüstensand, um eine schrittweise Abkehr von fossilen und atomaren Stromerzeugungsmethoden zu erreichen. Aktuelle Schätzungen prognostizieren das Versiegen der Ölvorkommen bis spätestens 2030. Bis dahin muss Dubai eine möglichst breite wirtschaftliche Grundlage aufgebaut haben. Tatsächlich ist die Abhängigkeit von den Einnahmen aus dem Erdöl schon heute stark reduziert. Lediglich 5% des Bruttoinlandsproduktes stammen aus der Erdölförderung. Der Großteil der Wirtschaftsleistung kommt aus dem Tourismus und dem Handel.

Dubai Top 10

Top 1 - Burj Khalifa

Wie eine Nadelspitze sticht der 828 Meter hohe Burj Khalifa aus der Skyline Dubais hervor. Das höchste Gebäude der Welt ist damit nicht nur das Prunkstück der Stadt, sondern zieht auch jedes Jahr Millionen von Besuchern an. S.40

Top 2 - Fountains

Allabendlich bezaubern die Wasserfontänen des Burj Khalifa Lake tausende von Besucher. Im Takt der Musik bewegen sich die Wasserfontänen, die wiederum vom Licht fantastisch in Szene gesetzt werden. S. 50

Top 3 - Creek

Der Creek, ein natürlicher Meeresarm am Persischem Golf, war und ist die Lebensader der Stadt. Früher von einigen wenigen Fischern und Perlentauchern besiedelt, werden hier auch heute noch die Handelsschiffe beladen. S. 128

Top 4 - Frame

Dieses einmalige Bauwerk ist ein Gemälde der besonderen Art. Nicht nur der Anblick lockt zahlreiche Fotografen an, es dient auch als Passepartout für Aufnahmen. Obendrein ist der Blick von oben spektakulär. S. 70

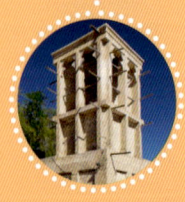

Top 5 - Al Bastakiya

Das historische Viertel ist der einzige Ort Dubais, in dem die ursprüngliche Bauweise anhand original erhaltener Gebäude gezeigt wird. Aufwendig restauriert, sind vor allem die alten Windtürme ein markantes Symbol. S. 68

Top 6 - Dubai Mall

Die Dubai Mall ist zweifelsohne die Versinnbildlichung des modernen Kommerzes. Auf einer Grundfläche von rund 350.000 Quadratmetern verteilen sich auf drei Stockwerken unzählige Geschäfte, Restaurants und Attraktionen. S. 48

Top 7 - Ain Dubai

Das weltgrößte Riesenrad ist vor kurzem eröffnet worden. Schon allein der Anblick ist beeindruckend, doch erst die Fahrt in einer der Gondeln mit dem Blick auf die Dubai Marina rundet den Besuch ab. S. 112

Top 8 - Palm Jumeirah

Vor der Küste Dubais entstand eine neue Inselwelt in Form einer Palme. Dieses ambitionierte Projekt ist nicht nur optisch eindrucksvoll, es bietet auch viele Attraktionen, Hotels und Strandpromenaden. S. 98

Top 9 - Dubai Museum

Die Geschichte Dubais wird auf anschauliche Weise in diesem Museum präsentiert, verborgen in den Räumlichkeiten des historischen Al-Fahidi-Forts - seines Zeichens das älteste Gebäude der Stadt. S. 66

Top 10 - Rub al-Chali

Dubai ist umgeben vom endlosen Wüstensand - ein Umstand, der in der Stadt selten sichtbar ist. Doch nur bei einem Ausflug in diese unwirkliche Gegend wird ihr Zauber spürbar. Ein Pflichtprogramm für jeden Dubai-Besucher. S. 160

DUBAI

ENT
DE
CKEN

C

F

E

0   5   10 km

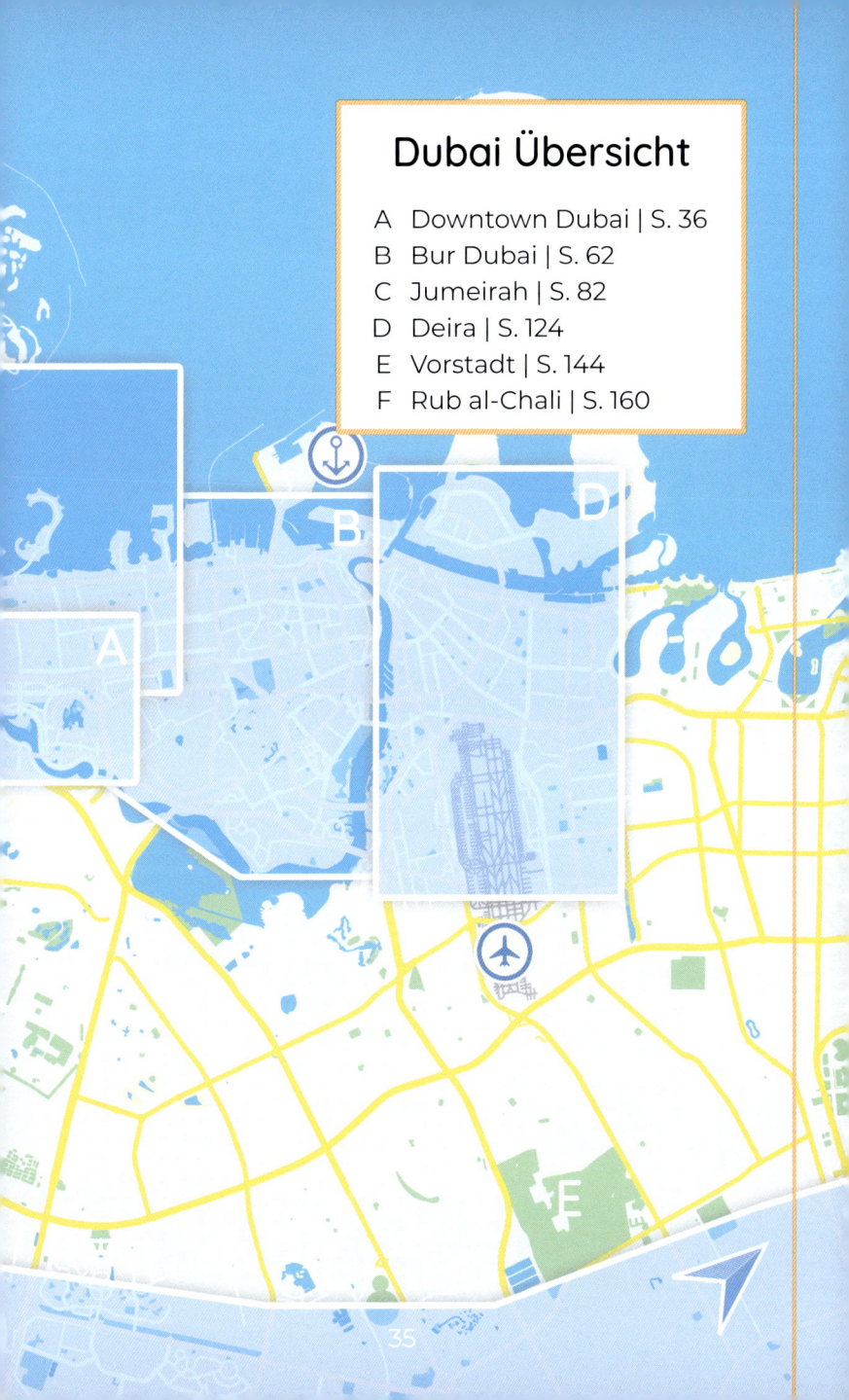

Dubai Übersicht

DUBAI

DOWN TOWN

Im Herzen Dubais treffen die Superlative aufeinander. Obwohl Downtown Dubai flächenmäßig überschaubar klein ist, sind die imposanten Hochhäuser, Einkaufszentren und Attraktionen wahre Höhepunkte der Stadt. Über allem erhebt sich der beeindruckende Burj Khalifa, der mit seinen beeindruckenden 828 Metern das »Juwel der Stadt« darstellt und schon von Weitem aus der Skyline hervorsticht. Zu seinen Füßen erstreckt sich der Burj Khalifa Lake, der mit seiner spektakulären Licht- und Wassershow jeden Abend fasziniert. Doch der Bezirk ist mehr als nur eine Ansammlung beeindruckender Gebäude. Hier leben und arbeiten Tausende Menschen, die das Stadtbild auf vielfältige Weise prägen und gestalten. Begleitet von einer Szenerie makelloser Architektur, die Besucher garantiert zum Staunen bringt.

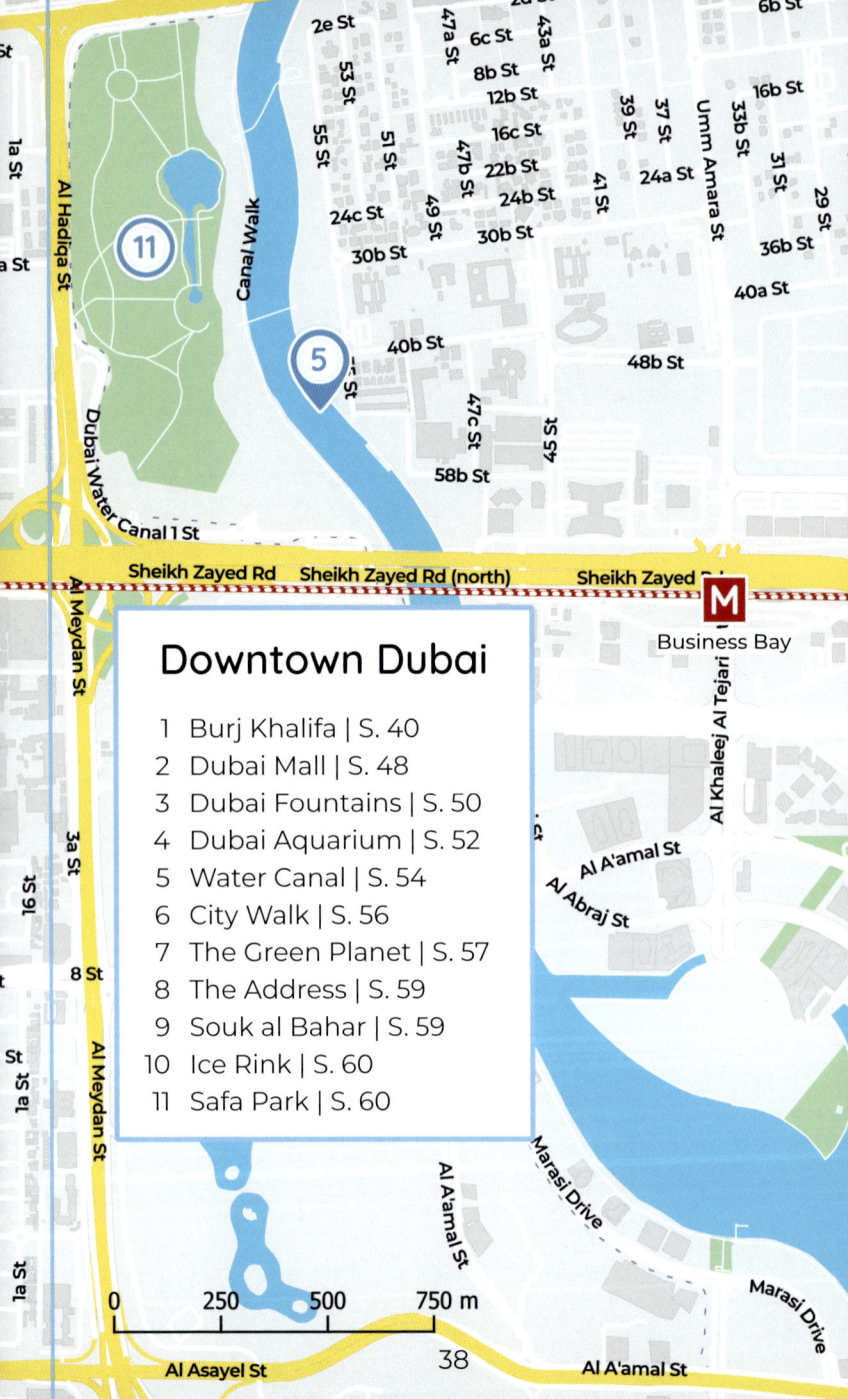

Downtown Dubai

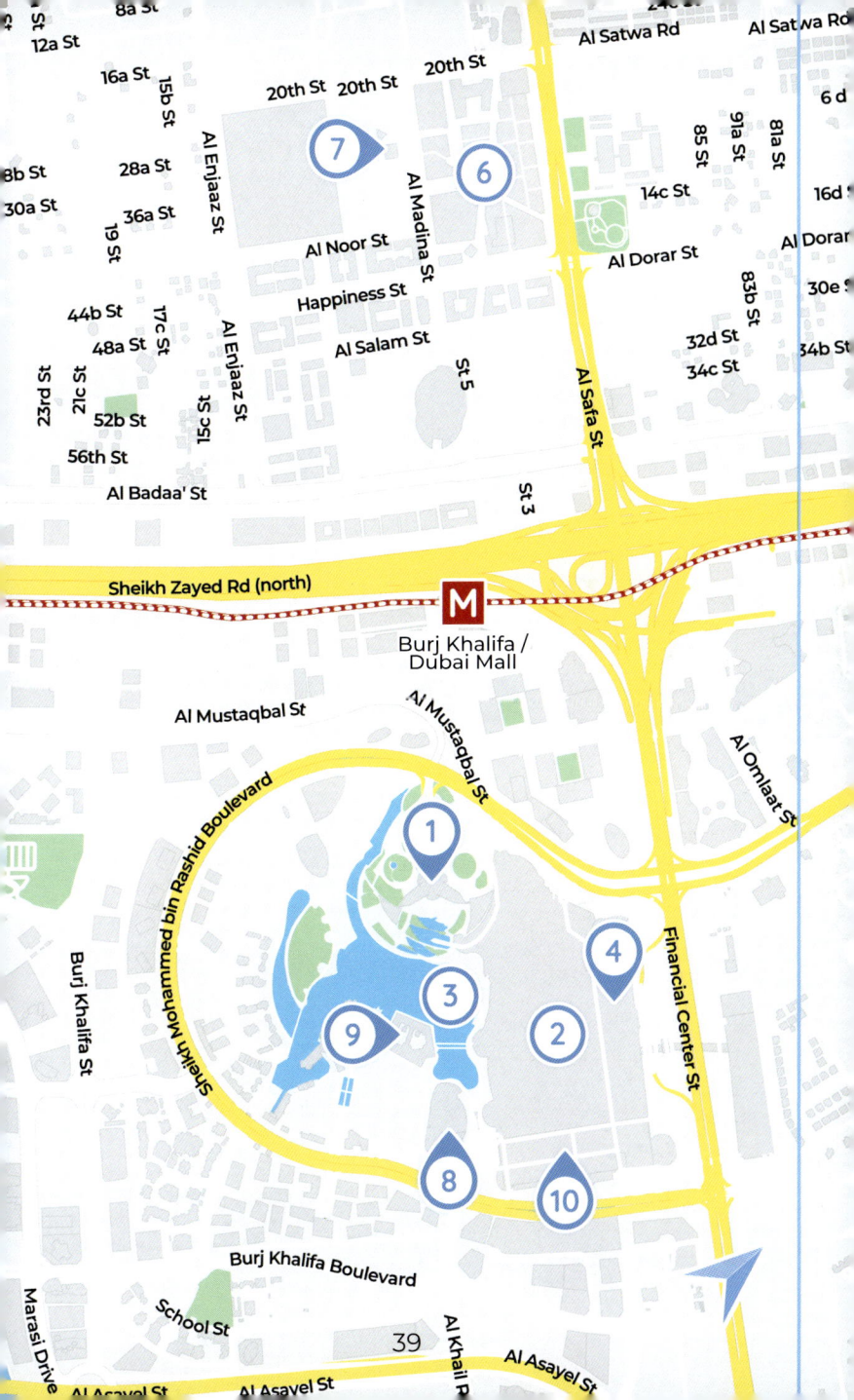

—— Das höchste Gebäude der Welt ——

Burj Khalifa

 Sheikh Mohammed bin Rashid Blvd. 1 |  Burj Khalifa/Dubai Mall (Red Line) |  Täglich, 8:30 - 01 Uhr

ab 169 AED ~ 42,20 € | ⌨ www.burjkhalifa.ae/en

Elegant, beeindruckend und monumental sind nur einige Merkmale des höchsten Gebäudes der Welt. Wie eine spitze Nadel ragt der Burj Khalifa aus der bereits beeindruckenden Skyline heraus und überragt dabei alle anderen Gebäude in seiner Nähe. Mit einer Gesamthöhe von 828 Metern ist der Burj Khalifa der ganze Stolz und das Juwel Dubais. Schon aus der Ferne, sei es vom Meer oder von der Wüste, ist der gläserne Turm gut erkennbar. Innerhalb der Stadt blitzt der Turm immer wieder zwischen den Hochhausschluchten hervor und überragt die anderen Wolkenkratzer mühelos um das Doppelte. Seit Januar 2010 domi-

ist zum unübertroffenen Höhepunkt einer jeden Dubai-Reise geworden. Bereits der erste Blick vom Fuß des Giganten raubt dem Besucher für einen kurzen Moment den Atem. Filigran erhebt sich der Turm, in einzelne Segmente unterteilt, in die Höhe, bis die obersten Etagen schließlich in einem Meer aus Glas übergehen. Die umliegenden Hochhäuser wirken dagegen wie Miniaturmodelle ihrer selbst. Die gesamte Szenerie wird von der elegant gestalteten Parkanlage untermalt, in deren Mitte der Burj Khalifa Lake liegt. Mit dem Wolkenkratzer erhielt Dubai aber nicht nur das höchste Gebäude der Welt, sondern auch eine eigene abge-

💡 Bur Dubai

Ursprünglich sollte das Gebäude unter dem Namen Burj Dubai feierlich eröffnet werden. Jedoch gerieten sowohl Dubai als auch die Investoren mit dem Auftreten der Weltwirtschaftskrise im Jahr 2007 finanziell ins Taumeln. Dadurch konnten die Kosten für das Hochhaus nicht ohne Darlehen bewältigt werden. Die benötigte finanzielle Unterstützung wurde vom Scheich Chalifa bin Zayed Al Nahyan (1948 – 2022), dem damaligen Emir von Abu Dhabi und Präsidenten der Vereinigten Arabischen Emirate, geleistet. Als Ergebnis dieser Zahlung trägt das Gebäude seit der Eröffnung den Namen des Scheichs aus Abu Dhabi.

Stadt. Im Mikrokosmos des Burj Khalifa leben und arbeiten heute Tausende von Menschen, die das Gebäude jeder für sich aus einem völlig neuen Blickwinkel erleben.

Bau

Als im Jahr 2004 der Bau des Burj Khalifas begann, war noch ungewiss, welche endgültige Höhe das Gebäude erreichen würde. Fest stand jedoch bereits das Ziel, das höchste Gebäude der Welt zu errichten. Die Herrscherfamilie Dubais hätte sich mit weniger auch nicht zufriedengegeben. Beeindruckenderweise wurde der Bau in nur sechs Jahren abgeschlossen, eine atemberaubend kurze Zeit für so ein Projekt. Die Kosten beliefen sich umgerechnet auf eine Milliarde Euro. (Zum Vergleich: Der Bau des neuen Flughafens Berlin-Brandenburg kostete 5,9 Milliarden Euro.) Die Grundfläche des Gebäudes beträgt 7.000 Quadratmeter, wobei es nach oben hin schnell schmaler wird. Während der Bauphase arbeiteten rund um die Uhr bis zu 2.400 Arbeiter auf

Bauphase des Burj Khalifas

der Baustelle. Ein erster Meilenstein wurde im Dezember 2006 erreicht, als der bisher höchste Wolkenkratzer der Stadt, der 355 Meter hohe Emirates Office Tower, übertroffen wurde. Der schnelle Baufortschritt brachte jedoch auch viele Kritiker auf den Plan, die die schlechten Arbeits- und Lebensbedingungen der Bauarbeiter anprangerten. Vor allem die Arbeitsbedingungen als auch die niedrigen Löh-

ⓘ At.Mosphere

Das At.Mosphere ist zweifellos eines der aufregendsten Restaurants weltweit. Hier serviert die Küche internationale Gerichte auf höchstem Niveau, während der atemberaubende Blick auf Dubai die Sinne verzaubert. Allerdings hat die herausragende Lage auch ihren Preis. Für das Mittagessen gilt eine Mindestverzehrpflicht von rund 63 € pro Person (kein Fensterplatz) und verdoppelt sich zum Abend hin.

ne sollen ein inakzeptables Ausmaß der Ausbeutung erreicht haben. Die Missstände kamen deutlich ans Licht, als etwa 2.500 Arbeiter im März 2006 streikten, um auf ihre Situation aufmerksam zu machen. Trotz dieser Herausforderungen wurde das Bauprojekt unbeirrt fortgesetzt, so dass das Gebäude schließlich am 4. Januar 2010 feierlich eröffnet werden konnte.

Rekordjagd

Neben der beeindruckend kurzen Bauzeit kann der Burj Khalifa mit weiteren Superlativen aufwarten. Das Hochhaus hält mehrere Weltrekorde. Neben der Rekordhöhe verfügt der Turm über die meisten Stockwerke (198) und das höchste nutzbare Stockwerk (163). Aller-

dings musste er mittlerweile die Rekorde für die höchste Aussichtsplattform (555 Meter) und das höchste Restaurant der Welt (441 Meter) an den Shanghai Tower abgeben.

Den Himmel zu Füßen

Hinter der eleganten Glasfassade des Burj Khalifa verbirgt sich eine eigene Welt aus Luxus und scheinbar entspannter Betriebsamkeit. Die Nutzung der verschiedenen Stockwerke ist vielfältig. Die unteren Stockwerke beherbergen ein Hotel, gefolgt von den ersten Apartment-Etagen. Ab dem 111. Stockwerk finden sich Büros, die bis zum 154. Stockwerk reichen. Den Besuchern bleibt jedoch der Zugang zu diesen Bereichen verwehrt, abgesehen von den Aussichtsplattformen und

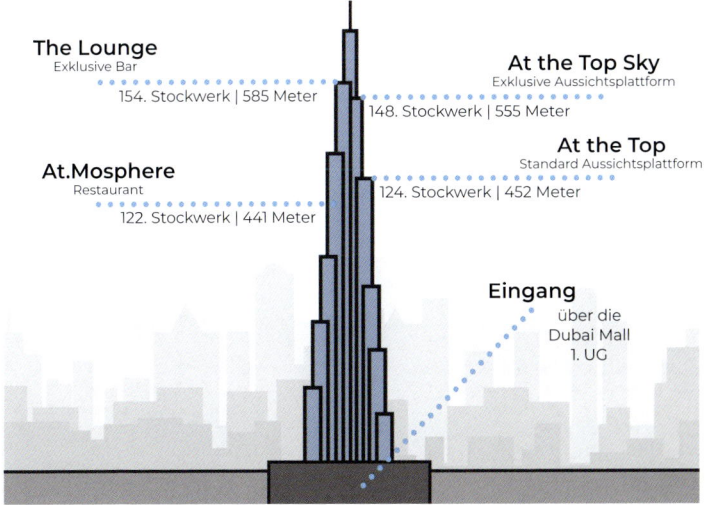

The Lounge
Exklusive Bar
154. Stockwerk | 585 Meter

At the Top Sky
Exklusive Aussichtsplattform
148. Stockwerk | 555 Meter

At the Top
Standard Aussichtsplattform
124. Stockwerk | 452 Meter

At.Mosphere
Restaurant
122. Stockwerk | 441 Meter

Eingang
über die
Dubai Mall
1. UG

dem Restaurant. Besonders interessant sind daher vor allem diese Bereiche. Die erste Plattform »At the Top« befindet sich im 124. Stockwerk und wurde bei der Eröffnung des Turms im Jahr 2006 in Betrieb genommen. Für rund 42 € pro Person kann man mit dem Aufzug zur 452 Meter hohen Aussichtsplattform gelangen. Mit einer teilweise offenen Dachterrasse bietet sie einen 360-Grad-Blick über die gesamte Stadt. Noch höher befindet sich die zweite Aussichtsplattform. Sie wurde 2014 im 148. Stockwerk eröffnet und ermöglicht den besten Blick auf die Stadt auf 555 Metern Höhe. Der Preis für dieses erweiterte Aussichtserlebnis beginnt bei rund 100 €. Die Besucher werden während ihres Aufenthalts von einem Mitarbeiter betreut, erhalten Getränke und machen einen Zwischenstopp

im 124. Stockwerk. Zudem bleibt ihnen das oft zeitaufwendige Anstehen in der Warteschlange erspart. Gäste, die kulinarische Genüsse bevorzugen, können das ehemals weltweit höchste Restaurant At.Mosphere im 122. Stockwerk betreten. Auf 441 Metern gelegen, ist das Restaurant äußerst beliebt und oft Wochen im Voraus ausgebucht, trotz der gehobenen Preise. Seit Anfang 2019 haben Besucher zusätzlich die Möglichkeit, noch höher den Turm zu erklimmen. »The Lounge« im 154. Stockwerk auf 585 Metern Höhe verspricht den wohl exklusivsten Blick auf die Stadt. Der Besuch dieser Bar ist immer mit einem Event verbunden, sei es eine ausgedehnte Tea Time, das bewundern des Sonnenuntergangs mit einem Glas Champagner oder das Genießen von Cocktails unter den Sternen - in der Lounge wird der

Besuch stets zelebriert. Natürlich hat dieses Upgrade seinen Preis. Jedes Event kostet mindestens 200 € pro Person - luxuriöser kann ein Besuch des Burj Khalifas nicht sein.

Eingang

Über den Eingangsbereich, der sich innerhalb der Dubai Mall (S. 48) befindet, gelangt man nach einer Sicherheitskontrolle und einigen beleuchteten Personenförderbändern zu den Aufzügen. Auf dem Weg dorthin lohnt sich ein Blick auf die Einblicke in die Bauphasen bieten. Die Fahrstühle transportieren die Besucher innerhalb von 60 Sekunden auf eine Höhe von 452 Metern. Besucher mit regulären Tickets müssen mit einer Wartezeit von etwa einer Stunde rechnen, bis sie die Aussichtsplattform erreichen, selbst wenn sie ein fest datiertes Ticket besitzen. Die Fahrt nach unten kann ebenfalls mit Wartezeiten verbunden sein, insbesondere wenn sich viele Menschen gleichzeitig auf der Plattform befinden.

Karten online kaufen

Kaufen Sie Ihre Tickets für den Burj Khalifa am besten im Voraus online. Dadurch haben Sie die Möglichkeit, Ihren Wunschtermin auszuwählen, vorausgesetzt Sie planen rechtzeitig. Sie erhalten einen Voucher, den Sie ggf. vor Ort an einem Automaten ausdrucken können, sodass Sie nicht mehr am Ticketschalter warten müssen. Achten Sie darauf, die Tickets direkt auf der offiziellen Homepage zu erwerben, da im Internet zahlreiche Anbieter Tickets zu überhöhten Preisen verkaufen. Bitte beachten Sie, dass für den Kauf auf der offiziellen Homepage eine Kreditkarte erforderlich ist.

Einkaufszentrum der Superlative

Dubai Mall

 Financial Centre Road

 Burj Khalifa/ Dubai Mall (Red Line)

Täglich, 10 - 00 Uhr

 www.thedubaimall.com

Der wahr gewordene Traum vom Einkaufsparadies oder doch eher die Bestätigung einer an Übermaß gewachsenen Konsumgesellschaft? Beides trifft wohl in gewisser Hinsicht auf die Dubai Mall zu. Eines steht jedoch fest: Mit der Dubai Mall hat die Stadt erneut bewiesen, wie sie Luxus in einer völlig neuen Dimension präsentiert. Unter dem Motto »Größer, schöner, imposanter« eröffnet sich dem Besucher eine gigantische Welt aus eleganten Boutiquen und beeindruckenden Attraktionen, die weit über europäische Standards hinausgehen. Somit lohnt sich ein Besuch auch für den hohen Ansprüchen der Verkäufer gerecht wird.

Erlebnis Dubai Mall

Bevor man zum ersten Mal die Dubai Mall betritt, sollte man noch einmal tief durchatmen. Denn beim Betreten dieser riesigen Konsumwelt kann man sich schnell überwältigt fühlen von ihren verwinkelten Gängen, den zahllosen Läden und den unendlichen Eindrücken. Die offiziellen Zahlen der Mall allein sind schon beeindruckend: Mit einer Fläche von über 350.000 Quadratmetern (zum Vergleich: das KaDeWe in Berlin erstreckt sich über 60.000 Quadratmeter)

ⓘ Guter Ausgangspunkt

Die Dubai Mall befindet sich in zentraler Lage im Stadtteil Downtown Dubai, was sie zu einem idealen Ausgangspunkt für geplante Erkundungen macht. Neben dem Burj Khalifa und den Wasserspielen sind auch die Metrostationen bequem zu Fuß erreichbar.

schiedene Geschäfte, 120 gastronomische Betriebe und ein Parkhaus mit bis zu 16.000 Stellplätzen. Diese Zahlen, auf vier Stockwerke verteilt, sprengen jegliche europäische Vorstellungskraft. Doch die Mall sollte von Anfang an mehr sein als nur ein riesiger Einkaufstempel. Neben den vielen Geschäften soll sie auch ein Ort für exklusive Erlebnisse sein. Die Architekten haben sich dafür eine Vielzahl besonderer Attraktionen ausgedacht. Neben den üblichen Einkaufsmöglichkeiten können Be-

sucher eine Kunsteislaufbahn in olympischer Größe, einen 24 Meter hohen Wasserfall, einen Kinokomplex, ein Kinder- und Abenteuerland sowie ein dreistöckiges Aquarium (S. 52) erleben. Und wer dann immer noch nicht genug hat, kann im angrenzenden, weltgrößten Gold-Souk mit weiteren 220 Geschäften einkaufen. All dies wurde geschickt mit labyrinthartigen Gängen verbunden, sodass man garantiert für viele Stunden kein Tageslicht erblickt.

Imposanter Haupteingang der Dubai Mall

Dubai Fountains

 Burj Khalifa Lake,
 Burj Khalifa/ Dubai Mall (Red Line)
 ab Sonnenuntergang - im 30 Minuten Takt

 kostenlos

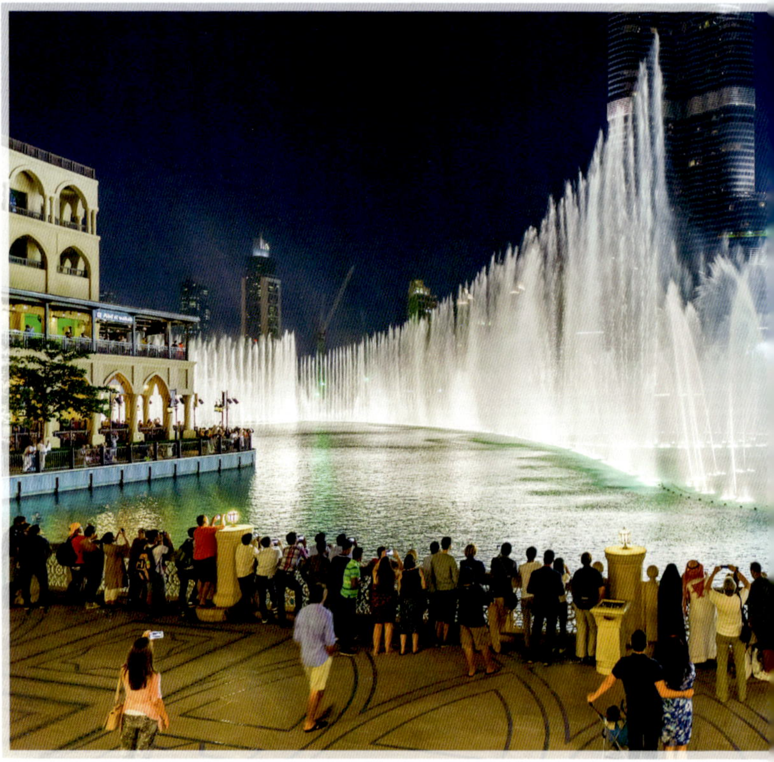

Jeden Abend lassen sich Tausende Besucher am Fuße des Burj Khalifa von einem faszinierenden Spektakel verzaubern. Sobald die Sonne in der Wüste untergeht, erwachen die Fontänen im Burj Khalifa Lake zum Leben. Im Einklang mit bekannten oder arabischen Melodien tanzen die Wasserstrahlen und werden dabei von stimmungsvollem Licht umhüllt. Besonders beeindruckend sind die Momente, in denen der See während der Vorstellung in künstlichen Nebel gehüllt wird, um eine atmosphärische Stimmung zu erzeugen. Dabei ist jede Vorstellung ist ein Fest für die Sinne, da sich die Musikstücke ständig abwechseln und an einem Abend kein Lied zweimal gespielt wird. Für dieses einzigartige Schauspiel wurde die größte Fontänenanlage der Welt errichtet, bestehend aus über 1.000 Fontänen und mehr als 6.000 Lichtern. Lautsprecher entlang des Sees sorgen zusätzlich für ein beeindruckendes akustisches Erlebnis. Der Höhepunkt jeder Vorstellung sind die weltweit größten Fontänen, die das Wasser bis zu einer beeindruckenden Höhe von 150 Metern in die Luft schießen können.

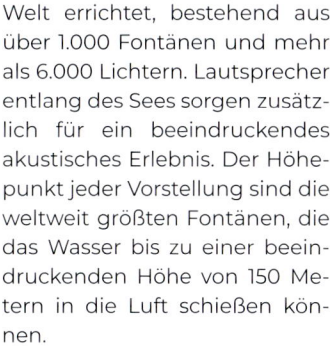

Highlight am Abend

Die Show der Fontänen kann entlang des Sees bewundert werden, vorausgesetzt man findet einen freien Platz in der ersten Reihe. Da die Fontänen zu den absoluten Highlights eines Besuchs in Dubai zählen, kann es schnell sehr voll werden. Als Alternative zu den beliebten Fontänen gibt es seit einiger Zeit eine weitere beeindruckende Wasserattraktion im nördlichen Teil der Palm Jumeirah. Mit den »Palm Fountains« (S. 104) erweitert die Stadt ihre Wasserinszenierungen und setzt dabei sogar einen neuen Weltrekord in Sachen Flächengröße.

Dubai Aquarium

 Dubai Mall | 🚇 Burj Khalifa/ Dubai Mall (Red Line) | 🕐 Mo - Do, 10 - 22 Uhr Fr - So, 10 - 00 Uhr

🎫 ab 199 AED ~ 50 € | ⌨ www.thedubaiaquarium.com

Das Dubai Aquarium bietet eine faszinierende Möglichkeit, die Unterwasserwelt hautnah zu erleben. Wie es für Dubai typisch ist, musste auch das Aquarium beeindruckend groß sein und zählt heute zu den größten der Welt. Die offiziellen Zahlen sind so gigantisch, dass sie erwähnenswert sind. Das größte Wasserbecken hat eine Kapazität von 10.000 Kubikmetern Salzwasser, das direkt aus dem Persischen Golf stammt. Darin leben über 33.000 Unterwassertiere, die etwa 85 verschiedene Arten repräsentieren. Ein besonderes Highlight sind die Sandtigerhaie, die eine Länge von über zwei Metern erreichen. Glücklicherweise ist dieses Unterwasserspektakel nicht nur zahlenden Besuchern vorbehalten. Inmitten der Dubai Mall befindet sich eine imposante Fensterfront, die einen spektakulären und kostenlosen Einblick in die Unterwasserwelt ermöglicht. Es ist selbstverständlich, dass es sich bei dieser Scheibe, die eine Größe von 32 x 8 Metern hat, um die weltgrößte

Glasscheibe ihrer Art handelt. Eine weitere Besonderheit erwartet dagegen nur zahlenden Besuchern des Aquariums. Beim Betreten der Unterwasserwelt tauchen sie in einen 48 Meter langen Unterwassertunnel ein, der direkt durch das Wasserbecken führt. Für eine noch intensivere Begegnung mit den Tieren können Besucher eine Fahrt mit dem Glasbodenboot oder einen Tauchgang mit Guide unternehmen.

Underwater Zoo

Zusätzlich zum beeindruckenden Aquarium und dem Glastunnel haben zahlende Besucher auch die Möglichkeit, den Underwater Zoo zu besuchen. Der Zoo konzentriert sich auf verschiedene Meeres- und Wasserbewohner und wird besonders Kinder begeistern. Neben Fischen und Seepferdchen können hier auch Pinguine, Krokodile und Schildkröten bewundert werden. Die Becken sind kindgerecht gestaltet, um einen guten Blick auf die Bewohner zu ermöglichen.

Water Canal

 Canal Walk |  Business Bay
(Red Line)

Ein besonders ehrgeiziges Projekt von ganz anderer Art wurde erst kürzlich abgeschlossen. Dabei ging es nicht wie üblich um ein spektakuläres Gebäude oder eine außergewöhnliche Attraktion. Vielmehr hatten die Stadtplaner die Vision, aus dem Creek einen durchgehenden Kanal zu schaffen, der beidseitig in den Persischen Golf mündet. Zuvor war der Creek ein natürlich entstandener Meeresarm, der etwa 14 Kilometer ins Landesinnere führte. Um diese Pläne umzusetzen, wurde südlich von Downtown Dubai ein zwölf Kilometer langer Kanal errichtet, der vom Golf bis zur natürlichen Lagune des Creeks reicht. Dadurch ist das Zentrum von Dubai - ähnlich wie die Dubai Marina - praktisch zu einer Insel geworden. Die neuen Ufer des Kanals wurden bereits mit weitläufigen Promenaden ausgestattet, die Fußgängern, Radfahrern und Joggern Platz bieten. Zudem wurden drei neue Fußgängerbrücken mit einzigartigem Design errichtet. Ein Höhepunkt entlang des Kanals ist der künstliche Wasserfall an der Unterführung der Sheikh Zayed Road, der automatisch stoppt, wenn Boote ihn passieren. Neue Gebäudekomplexe und ein Yachthafen sollen das

Künstlicher Wasserfall

Brücke über den Kanal

Gesamtbild abrunden.

Fähren

Wenn man den Kanal nicht zu Fuß erkunden möchte, bietet sich eine Fährfahrt an. Die Route führt derzeit von der neuen Kanalmündung am Persischen Golf bis nach Al Jaddaf. Diese Rundfahrt wird durch weitere Verkehrslinien entlang der Küste bis zur ursprünglichen Mündung des Creeks ergänzt.

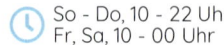

City Walk

♀ 6

Al Safa Street
City Walk

Burj Khalifa/
Dubai Mall (Red Line)

So - Do, 10 - 22 Uhr
Fr, Sa, 10 - 00 Uhr

www.citywalk.ae/en

Angelehnt an bekannte Einkaufspassagen in Europa ist unweit des Burj Khalifas (S. 40) eine offene Einkaufswelt entstanden. Im Gegensatz zu den vielen überdachten Einkaufszentren in Dubai, die einen zwanglosen Aufenthalt in klimatisierter Atmosphäre bieten, erleben Besucher des City Walks ihr Einkaufserlebnis unter freiem Himmel. Hunderte von Boutiquen reihen sich wie eine Perlenkette entlang der Straßen. Im Inneren warten Verkäufer auf zahlungskräftige Kunden, insbesondere Luxusmarken haben die neuen Räumlichkeiten für ihre Concept Stores entdeckt. Die Restaurants und Cafés im City Walk hingegen bieten ein deutlich erschwinglicheres Angebot. Aufgrund der Außentemperaturen füllen sich die Straßen vor allem am Abend. Zu diesem Zeitpunkt entfaltet auch die abwechslungsreiche Beleuchtung ihre Wirkung und taucht die schön gestalteten Gebäude und Wege in ein ansprechendes Licht. In der Mitte der Anlage findet nach Sonnenuntergang und jeweils zur vollen Stunde eine

Blick auf den City Walk

Wasser- und Lasershow statt. Obwohl sie nicht mit den Fontänen am Burj Khalifa Lake (S. 50) vergleichbar ist, weiß sie dennoch zu überzeugen. Ein weiterer Schwerpunkt des City Walks, abseits des Einkaufserlebnisses, liegt auf dem Konzept einer »Stadt in der Stadt«. Die Gebäude über den Boutiquen bieten Platz für über 300 Mietwohnungen. Zusätzlich werden Freizeitmöglichkeiten wie ein modernes Kino oder der Green Planet angeboten. Damit wird den Menschen ein Ort geboten, an dem sie alle Aspekte des täglichen Lebens vereinen können. Aus diesem Grund gibt es bereits Pläne, den City Walk weiter auszubauen.

9 7

The Green Planet

 City Walk - Al Wasl   Burj Khalifa/ Dubai Mall (Red Line)   Täglich, 10 - 18 Uhr

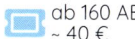 ab 160 AED ~ 40 €   www.thegreenplanet dubai.com/en

Das Grün der Pflanzen in der heißen Wüste Dubais, das in der Natur unmöglich erscheint, wird dank moderner Tropen-

häuser zum Leben erweckt. Mit dem Green Planet Bio-Dome beherbergt Dubai ein gläsernes Tropenhaus, in dem über 3.000 tropische Pflanzen und Tiere leben. Der Mini-Regenwald erstreckt sich dabei vor allem in die Höhe. In der Mitte des runden Gebäudes ragt ein bis zu 45 Meter hoher Baum empor. Besucher können auf vier kreisförmigen Stockwerken entlang des äußeren Rands des Biotops die Pflanzen und Tiere beobachten. Jedes Stockwerk widmet sich einem speziellen Thema des Regenwaldes. Angefangen vom Waldboden und den dort lebenden Tieren im Erdgeschoss werden alle Merkmale des Regenwaldes bis zur Baumkrone im vierten Stockwerk ge-zeigt. Der Bio-Dome richtet sich aber nicht nur an Touristen, son-dern auch an Schulklassen, um ihnen Einblicke in eine Region der Welt zu ermöglichen, die im Vergleich zum Leben in einer Wüste völlig anders ist. Obwohl die Anlage gut strukturiert ist und viele Informationen bietet, könnte sie Europäern eher klein erscheinen. Im Vergleich zu hei-mischen Tropenhäusern wie dem Hamburger Tropen-Aqua-rium fällt der Bio-Dome relativ bescheiden aus. Doch wer sich davon nicht abschrecken lässt, wird die Möglichkeit haben, zahlreiche Tiere wie Faultiere oder Tukane zu beobachten. Während sich diese Tiere inner-halb der Anlage frei bewegen

Gläserne Außenfassade

können, dürfen wunderschön anzusehende, aber hochgiftige Frösche und Schlangen nur in Terrarien bewundert werden.

UND SONST SO?

The Address

Seit dem spektakulären Brand in der Silvesternacht 2015 hat das imposante Gebäude weltweit Schlagzeilen gemacht. Obwohl der Turm bei weitem nicht die Höhe des gegenüberstehenden Burj Khalifa erreicht, fällt er dennoch durch seine besondere Bauform auf. Mit einer Höhe von 306 Metern belegt der Turm, der im Jahr 2008 eröffnet wurde, derzeit den 22. Platz unter den höchsten Gebäuden in Dubai. Die unteren Stockwerke werden von einem Hotel genutzt, während sich darüber Apartments befinden. Eine spektakuläre Aussicht bietet die Rooftop Bar NEOS, die sich im höchsten der insgesamt 63 Stockwerke befindet. **Wo: Sheikh Mohammed bin Rashid Blvd | Burj Khalifa / Dubai Mall (Red Line)** 📍8

Souk al Bahar

Alles andere als traditionell, dafür umso schöner gestaltet, präsentiert sich der moderne Souk Al Bahar nahe der Dubai Mall. Im Inneren des Souks herrscht eine entspannte und ruhige Atmosphäre, während zahlreiche Geschäfte vor allem arabische Produkte wie Teppiche, Lampen, Gewürze, Schmuck und Handwerkswaren anbieten. Zusätzlich gibt es mehrere Cafés und Restaurants, die zu jeder Tageszeit kulinarische Köstlichkeiten anbieten und zum Entspannen einladen. Obwohl der Souk Al Bahar nicht als ein traditioneller Souk angesehen wer-

The Address

Souk al Bahar

den kann, lohnt sich ein Besuch allein schon aufgrund der besonderen und luxuriösen Einrichtung. Alles ist etwas kleiner als in der großen Dubai Mall gehalten und der Einrichtungsstil orientiert sich an der traditionellen orientalischen Bauweise. **Wo: Bei der Dubai Mall | Burj Khalifa / Dubai Mall (Red Line) | Sa - Mi, 10 - 22 Uhr | Do - Fr, 10 - 00 Uhr** 9

Ice Rink

Neben der Ski-Erlebniswelt »Ski Dubai« (S. 119) gibt es in der Dubai Mall eine weitere Eisattraktion, den Ice Rink. Es handelt sich um eine vollwertige Eishalle in olympischen Maßen, in der Besucher Schlittschuhlaufen und andere Eissportarten ausprobieren können. Zusätzlich fin-

den hier sportliche Veranstaltungen wie Eishockey, Eis-Shows und Eiskunstlauf statt. Vor Ort können Schlittschuhe gegen eine Gebühr ausgeliehen werden. **Wo: In der Dubai Mall | Burj Khalifa / Dubai Mall (Red Line)** 10

Safa Park

Einer der ältesten Parks in Dubai ist der 1975 eröffnete und mehrmals erweiterte Safa Park. Er gehört zu den klassischen Parks der Stadt und bietet viele Grünflächen, Grillzonen sowie Bäume und Blumen. Zusätzlich gibt es verschiedene Aktivitätszonen wie die »Games Area« für Kinder, einen Verkehrsübungsplatz und eine Indoor-Spielhalle. Mit dem Ausbau des »Dubai Water Canals« reicht der Park nun bis zum Dubai Creek. Zwei Brücken, darunter die architektonisch beeindruckende »Tolerance Bridge«, ermöglichen einen schnellen Übergang über den Kanal.. **Wo: Sheikh Zayed Road | Business Bay (Red Line) | Eintritt 3 AED** 11

BUR DUBAI

Ausgehend vom westlichen Ufer des Creeks, verläuft dieser äußerst abwechslungsreiche Bezirk bis nach Downtown Dubai. Vor allem das Zusammenspiel aus historischen und modernen Bauwerken verleiht Bur Dubai ein einzigartiges Profil. Am Ufer des Creeks stehen bis heute die ältesten Häuser der Stadt, allen voran die Bastakiya (S. 68), sowie zahlreiche Gebäude, die noch vor dem großen Bauboom entstanden sind. Entlang der bedeutenden Sheik Zayed Road ragen dagegen moderne Wolkenkratzer empor, die das umgebende Stadtbild maßgeblich prägen. Hier haben sich hauptsächlich der Finanz- und Wirtschaftssektor angesiedelt. Gleichzeitig fungiert Bur Dubai auch als Wohnviertel, wobei der soziale Wohlstand unmittelbar an der architektonischen Gestaltung der Gebäude erkennbar ist.

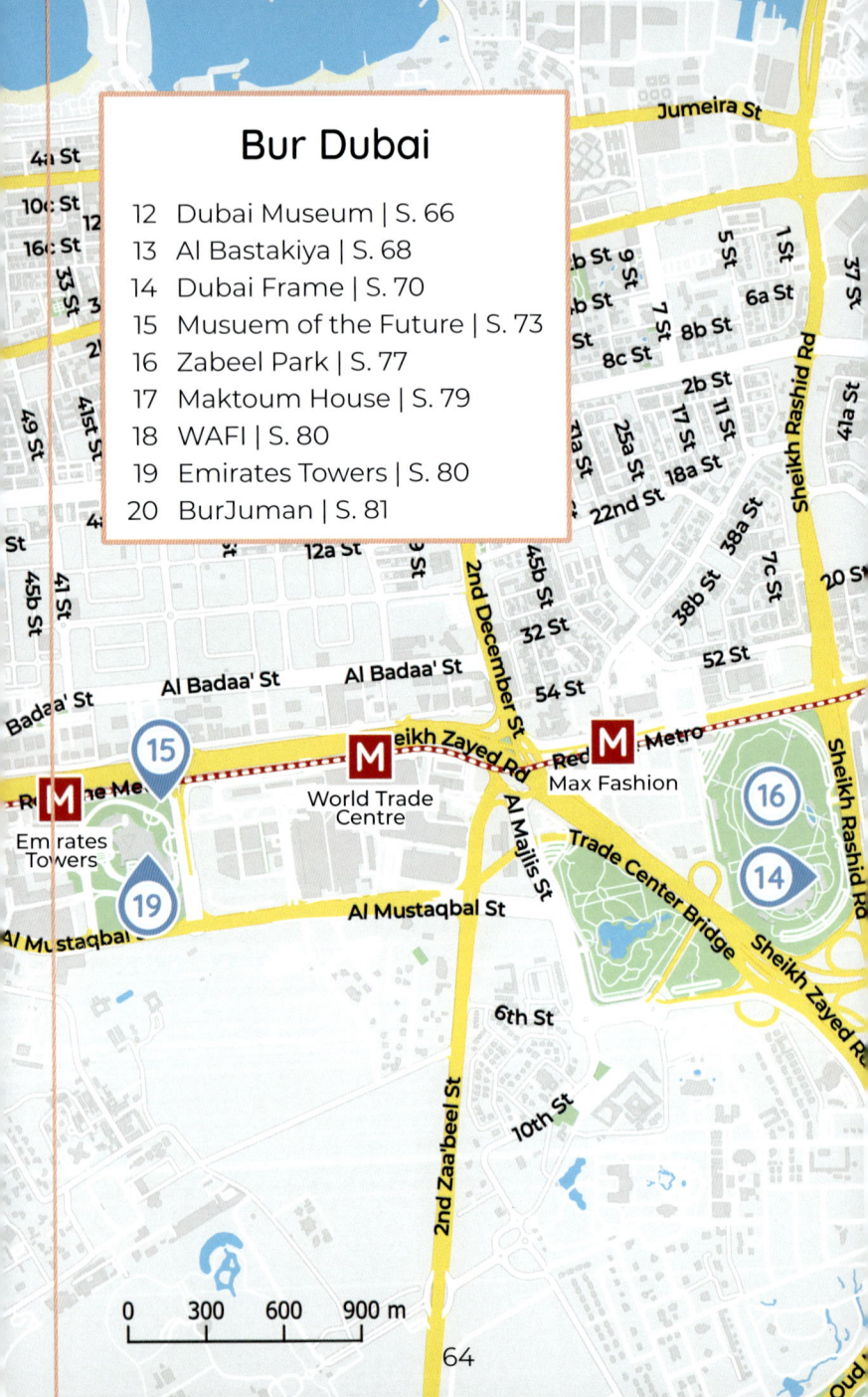

Bur Dubai

——— Stadtmuseum im alten Al Fahidi Fort ———

Dubai Museum

 Ali Bin Abi Taleb St. |  Al Fahidi (Green Line) | 🕐 Sa - Do, 8:30 - 20:30 Fr, 14:30 - 20:30 Uhr

 Ticket 3 AED ~ 0,75 €

Dubai als Stadt der Superlative beeindruckt durch ihre zahlreichen modernen Bauwerke. Dabei wird jedoch schnell vergessen, dass Dubais Vergangenheit nur wenig mit dem heutigen Luxus gemeinsam hatte. Das Dubai Museum im alten Al Fahidi Fort ermöglicht deswegen einen genauen Einblick in das Leben vor dem Ölboom. Die Festungsanlage wurde im Jahr 1787 errichtet und ist heute das älteste noch existierende Gebäude der Stadt. Ursprünglich diente das Fort als militärischer Stützpunkt, um die damals noch dünn besiedelte Region vor Angriffen zu schützen. Die äußere Mauer mit ihrem imposanten Wehrturm besteht aus übereinander geschichteten Lehmziegeln. Im Inneren des Forts befindet sich ein Hof, der einst mit mehreren Hütten ausgestattet war. Heutzutage können Nachbildungen dieser Hütten besichtigt werden.

Das Museum

Nach der Unabhängigkeit Dubais von Großbritannien wurde das Fort auf Anweisung des Scheichs restauriert und in ein Museum umgewandelt. Ursprünglich war geplant, eine

Außenmauern vom Al Fahidi Fort

Haupteingang zum Museum

Ausstellung zu gestalten, die den historischen Verlauf Dubais sowie das frühere Leben und Arbeiten in der Stadt darstellte. Hierfür war vorgesehen, das Museum direkt an das Fort anzuschließen, später jedoch entschied man sich für den aufwendigen Bau eines unterirdischen Museums. Im Jahr 1971 wurde das Museum feierlich eröffnet. Im Inneren des Museums werden entlang eines festgelegten Pfades detailliert gestaltete Dioramen gezeigt, die die historische Entwicklung Dubais veranschaulichen. Dabei werden alle wichtigen Stationen dargestellt, angefangen vom Leben in der Wüste über einen historischen Souk bis hin zum Perlentauchen. Dank dieser besonderen Inszenierung können auch Schulkinder einen guten Eindruck vom damaligen Leben in der Wüste gewinnen.

Erreicht wird die unterirdische Ausstellung mithilfe einer Wendeltreppe, die vom Inneren des Forts hinabführt. Vor dem Abstieg empfiehlt es sich jedoch, das Fort selbst zu besichtigen. Hier werden neben einigen Objekten wie alten Kanonen oder Handwerksgegenständen auch Nachbildungen des früheren Lebens gezeigt.

Innenhof des Forts

13

Historisches Erbe Dubais

Al Bastakiya

 Al Mussalla Street  Nahe Al Fahidi (Green Line)

Das historische Zentrum von Dubai ist das alte Viertel Al Bastakiya. In diesem gut erhaltenen Stadtviertel stehen einige der ältesten Gebäude der Stadt, die bis heute die Ursprünge Dubais zur Zeit des florierenden Handels mit Perlen und Gewürzen widerspiegeln. Das Viertel wur-de nach der iranischen Stadt Bastak benannt, da zu dieser Zeit vor allem Perser (heute Iraner) in Dubai lebten. Die ersten Gebäude entstanden Anfang der 1890er Jahre und dienten vor allem wohlhabenden Familien als Wohnstätte. Ein markantes Merkmal der alten Gebäude

sind die Windtürme, die über die Dächer hinausragen. Dank eines ausgeklügelten Kanalsystems innerhalb der Türme konnte auch an heißen Sommertagen ein angenehmes Raumklima geschaffen werden - und das ganz ohne moderne Klimaanlagen. Mit der Entdeckung des Erdöls und dem anschließenden Bauboom verließen die wohlhabenden Menschen das Viertel. Die Gebäude verfielen allmählich und standen mehrmals kurz vor dem Abriss. Erst mit der Erkenntnis des kulturellen Wertes der Häuser für die Geschichte der Stadt, wurden diese unter Denkmalschutz gestellt. Leider kam diese Entscheidung für etwa die Hälfte der Gebäude zu spät, da bereits moderne Hochhauskomplexe an ihrer Stelle errichtet wurden. Ab 2005 wurde eine aufwendige Restaurierung der verbliebenen Häuser durchgeführt. Heute erstrahlt das Viertel als künstlerisches, kulturelles und lebhaftes Viertel. Es beherbergt zahlreiche Handwerksbetriebe, Galerien, Museen und Cafés.

Flaniermeile »Al Seef«

EINGE SCHO BEN

Al Seef

In unmittelbarer Nähe der Bastakiya entstand die Flaniermeile »Al Seef«, die sich über einen Kilometer am Creek entlang erstreckt. Trotz ihres authentischen Erscheinungsbilds mit Windtürmen, Holzstegen und verwinkelten Gassen wurde das gesamte Areal tatsächlich im Jahr 2018 neu errichtet. Die Gestaltung zielt jedoch darauf ab, den Besuchern das Gefühl einer Verlängerung der Bastakiya zu vermitteln. Die Häuser beherbergen hauptsächlich Restaurants, Bars und Geschäfte. Gleichwohl lohnt sich ein Besuch, da ein Spaziergang entlang des Ufers einen Eindruck von Dubais Erscheinung vor der Entdeckung des Öls vermittelt.

——— Der größte Bilderrahmen der Welt ———

Dubai Frame

 Zabeel Park    Al Jafiliya (Red Line)   🕐 Täglich, 9 - 21 Uhr

 50 AED ~ 12,50 €    www.dubaiframe.ae/en

Dubai - eingefangen in einem Bilderrahmen. Was zunächst wie ein gewöhnliches Souvenir für nach der Reise klingt, erhält vor Ort eine völlig neue Dimension. Mit dem Dubai Frame ist die Stadt um eine unvergleichliche und vor allem einzigartige Attraktion reicher. Seit Anfang 2018 ragt aus der Skyline Dubais ein überdimensionaler Bilderrahmen heraus, der vor allem Hobbyfotografen begeistert. Je nach Blickwinkel dient der Dubai Frame entweder als Rahmen für Aufnahmen des modernen Dubais oder des historischen Viertels entlang des Creeks. Mit seiner goldenen Verkleidung, durchzogen von kunstvollen Ornamenten, wird der Dubai Frame dabei selbst zum idealen Fotomotiv. Den gestalterischen Möglichkeiten - ob mit oder ohne Skyline im Hintergrund - sind hier kaum Grenzen gesetzt.

Aussichtsplattform
Doch auch für Besucher ohne Ambitionen in der Fotografie ist der Besuch des außergewöhnlichen Bauwerks lohnenswert. In den beiden senkrechten Türmen, die jeweils eine Höhe von 150 Metern erreichen, befinden sich Panoramaaufzüge, die die Besucher zur 93 Meter langen Brücke transportieren. Diese verbindet die Türme miteinan-

Aussichtsplattform

EINGE SCHO BEN

Besondere Fotomotive

Dubai ist ein Paradies für Fotografen, angefangen beim beeindruckenden Dubai Frame mit seiner einzigartigen Form und goldenen Verkleidung, der als Rahmen für die imposante Skyline dient. Doch auch futuristisch anmutende Gebäude bilden eine eindrucksvolle Kulisse, während das Zusammenspiel von Metropole, Küste und Wüste stets neue Motive bietet. Bei Nacht entfaltet sich eine ganz neue Perspektive, wenn die aufwendig illuminierten Gebäude das Fotografieren mit Kamera oder Smartphone zum Vergnügen machen. Ob bei Tag oder Nacht, Dubai bietet immer faszinierende Fotomöglichkeiten.

der und bildet schließlich den Dubai Frame. Obwohl die Aussicht in Bezug auf die Höhe nicht mit der Aussichtsplattform des Burj Khalifas (S. 40) vergleichbar ist, bietet der Dubai Frame dennoch einen unverbaute Blick auf die Skyline von Downtown Dubai und somit auch auf das höchste Gebäude der Welt. Ein weiteres Highlight ist der mittig verlaufende Glasboden der Brücke, der einen spektakulären Blick auf den Boden ermöglicht - für Schwindelfreie natürlich. Um einen entspannten Besuch zu gewährleisten, ist die Anzahl der Besucher auf 200 pro Stunde begrenzt.

Heute und Morgen

In den Sockeln der Türme befinden sich zwei Galerien mit multimedialer Aufbereitung. Die erste Galerie widmet sich thematisch der Vergangenheit Dubais, bevor der große Bauboom begann. Kurz vor dem Verlassen des Dubai Frames folgt die zweite Galerie, die eine Zukunftsvision der Stadt präsentiert. Durch diese spezielle Anordnung der Galerien wird die verbindende Funktion des Dubai Frames, als Bindeglied zwischen dem alten und dem neuen Dubai, betont und verdeutlicht den Wandel der Stadt. Dieses ganzheitliche Konzept ist voll und ganz aufgegangen.

Futuristisches Gebäude mit großen Ambitionen

Museum of the Future

 Sheikh Zayed Rd. - Trade Centre

 Emirates Towers (Red Line)

 Täglich, 10 - 18 Uhr

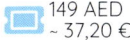 149 AED ~ 37,20 €

⌨ museumofthefuture.ae/en

Dubai befindet sich in einer Zwickmühle. Einerseits strebt das Emirat danach, das neue Zentrum von Reichtum und Überfluss zu sein - primär ermöglicht durch die vielen Ölvorkommen. Andererseits schreiten globale Themen wie der drohende Klimawandel und zunehmende gesellschaftliche und politische Spannungen unaufhaltsam voran, die früher oder später auch die glitzernde Welt am Persischen Golf erreichen werden. Diesen Themenfeldern möchte sich das »Muse-

um of the Future« widmen. Zunächst aber brilliert es an einer ganz anderen Stelle - der Architektur. Schon vor seiner Eröffnung zählte das Gebäude zu den visuellen Höhepunkten der Stadt. Dies ist hauptsächlich auf seine ungewöhnliche Bauform zurückzuführen, die nur entfernt an ein klassisches Gebäude erinnert. Vielmehr soll der Betrachter in ihm ein Auge erkennen, das gemäß der Vision seines Bauherren, Scheich Mohammed bin Rashid Al Maktoum, einen Blick in die Zukunft

Futuristisch anmutende Außenfassade des neuen Museums

💡 Gedicht

Herrscher Scheich Mohammed bin Rashid Al Maktoum soll höchstpersönlich das Gedicht für das Museum verfasst haben. Übersetzt bedeutet es: Wir leben vielleicht nicht Hunderte von Jahren, aber das Ergebnis unserer Kreativität kann ein Vermächtnis hinterlassen, lange nachdem wir gestorben sind. Die Zukunft gehört denen, die sie sich vorstellen, die sie entwerfen und umsetzen können. Die Zukunft wartet nicht. Die Zukunft kann aber schon heute gestaltet und geschaffen werden.

ermöglicht. Tatsächlich zählt dieses Bauwerk zu den komplexesten Bauprojekten in der Geschichte der Menschheit. Nicht nur die beeindruckende Form, die ohne herkömmliche Tragwerke auskommt, sondern auch die Edelstahlfassade erforderte eine sorgfältige architektonische Planung. Das markante Erscheinungsbild wird schließlich durch zahlreiche arabische Kalligrafien vervollständigt, die die Edelstahlfassade zu einem komplexen Gesamtkunstwerk aufwertet und zudem ein Gedicht enthält. Angesichts dieser Tragweite scheint es fast nebensächlich, dass die Schriftzeichen auch als Fenster dienen.

Ausstellung

Mit der Eröffnung des Museums Anfang März 2022 wurde endlich das große Geheimnis rund um die Ausstellung gelüftet, über das bis zuletzt geschwiegen wurde. Sicher war jedoch, dass die beeindruckende Inszenierung der Außenfassade auch im Inneren fortgesetzt wird, und tatsächlich erwartet die Besucher ein gestalterisches und visuelles Feuerwerk. Die Ausstellung gliedert sich in fünf Themengebiete, die konzeptionell als eine Reise in fünf Kapiteln erlebbar sind. Die Tour beginnt im Erdorbit des Jahres 2071 und führt weiter zu den Klimafragen der Zukunft. An dieser Stelle befindet sich mit der »Library of Future« zudem der beeindru-

Spindeltreppe als Kunstobjekt

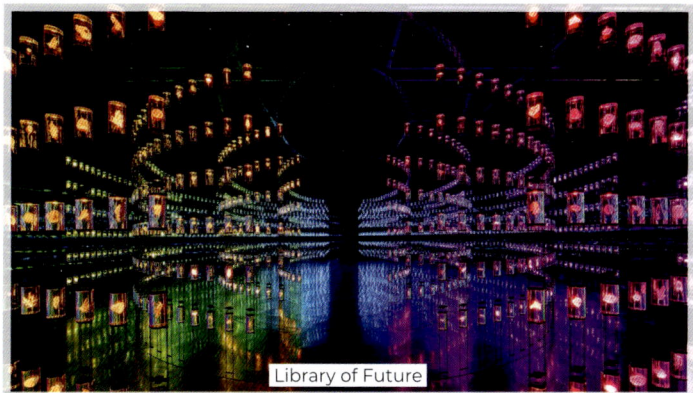
Library of Future

ckendste Teil des Museums. Eine Installation mit tausenden schwebenden Gläsern zeigt die enorme Vielfalt unserer Erde und verdeutlicht gleichzeitig die Gefahr des anhaltenden Artensterbens. Der anschließende Themenbereich »Al Waha« beschäftigt sich mit der Wahrnehmung der menschlichen Sinne. Bis zu diesem Punkt erinnert die Ausstellung größtenteils eher an einen Vergnügungspark als an ein Museum. Tatsächlich liegt der Schwerpunkt mehr auf visionären Zukunftsvorstellungen, ohne sich konkret mit Fragen der Umsetzbarkeit auseinanderzusetzen. Die Präsentation zielt eindeutig auf Unterhaltung ab, während die Wissensvermittlung nur selten stattfindet. Eine Ausnahme bildet das vierte Kapitel, in dem aktuelle technische Fortschritte wie Elektromobilität, Drohnen und medizinische Innovationen thematisiert werden, obgleich die visuelle Darstellung weiterhin im Vordergrund steht. Das letzte Kapitel richtet sich ausschließlich an die jüngsten Besucher und bietet einen kleinen Indoor-Spielplatz. Nicht unerwähnt bleiben darf auch die Aussichtsterrasse, von der aus ein detaillierter Blick auf die Außenwand des Gebäudes möglich ist.

⚠ Tickets frühzeitig kaufen

Aufgrund der hohen Nachfrage ist ein spontaner Besuch aktuell kaum möglich. Daher sollten die Tickets bereits im Vorfeld frühzeitig online gekauft werden. Die Tickets sind immer an ein festes Zeitfenster gebunden und sind direkt auf der offizielle Homepage des Museums erwerbbar.

Zabeel Park

 Sheikh Rashid Road |  Al Jafiliya (Red Line) | 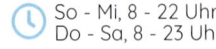 So - Mi, 8 - 22 Uhr / Do - Sa, 8 - 23 Uhr

 Eintritt 5 AED ~ 1,26 €

Der Zabeel Park ist ein moderner Park im Zentrum der Stadt, der im Jahr 2005 eröffnet wurde. Mit einer Fläche von über 47 Hektar steht hier vor allem der Erlebnisfaktor im Vordergrund. Der Park ist dabei in drei Zonen unterteilt, die jeweils von Straßen getrennt und über Brücken miteinander verbunden sind. Jede Zone widmet sich einem anderen Thema der heutigen Zeit (Alternative Energien, Kommunikation, Technologien). Entsprechend wurde jede Zone individuell gestaltet, auch wenn der Zusammenhang mit dem Thema nicht immer auf den ersten Blick erkennbar ist. Auch die weiteren Angebote sind vielfältig. Man kann zum Beispiel eine Bootsfahrt auf dem Parksee unternehmen, verschiedene Ausstellungshallen besuchen, Minigolf spielen oder das Skateboard- und BMX-Gelände nutzen. Zu den Höhepunkten des Parks zählen der Dubai Frame (S. 70), ein markantes architektonisches Bauwerk, das einen beeindruckenden Blick bietet, sowie ein großes Amphitheater für 2.000 Besucher. Außerdem gibt es ein Gartenlabyrinth, das unserem Sonnensystem nachempfunden ist und für spannende Erkundungen sorgt.

Luftaufnahme vom Park - im Vordergrund der Dubai Frame

Verspielt und farbenfroh präsentiert sich der Garden Glow

Dubai Garden Glow

Als eigenständiger Teil des Zabeel Parks erfreut der Dubai Garden Glow alle Altersgruppen. Entlang der Wege sind zahlreiche illuminierte Skulpturen von Pflanzen, Tieren und abstrakten Formen aufgestellt. Die farbenfrohen Darstellungen dürften vor allem Kinder begeistern. Doch auch Erwachsene werden hier ihren Spaß haben, obwohl einige der bunt leuchtenden und oft blinkenden Skulpturen etwas kitschig wirken können. Die volle Wirkung entfalten diese »illustren« Figuren natürlich erst in den Nachtstunden. Darüber hinaus gibt es im Dubai Garden Glow zahlreiche Dinosaurier und Kulissen, die ebenfalls das jüngere Publikum ansprechen. Ein weiterer Bereich umfasst eine Eiswelt, in der sich in einer eigens dafür errichteten Halle aufwendig geschnitzte Eisskulpturen befinden, die mit ihren Darstellungen und der Größe mehr als überzeugen können. Gegen die Kälte schützen ausleihbare Jacken. Es ist zu beachten, dass der Garden Glow nur während der Wintermonate geöffnet ist.

Maktoum House

 Al Khaleej Rd. (D92) |  Al Ghubaiba (Green Line) | 🕐 Sa - Do, 8 - 20:30 Uhr
Fr, 15 - 20:30 Uhr

 15 AED ~ 3,77 €

In der historischen Residenz von Scheich Saeed al-Maktoum (1878-1958) erhalten Besucher einen Einblick in das frühere Leben der Scheichfamilie. Das Saeed al-Maktoum House, das im Jahr 1896 erbaut wurde, hat die Phase des modernen Baubooms unverändert überstanden und wurde ab 1968 umfassend renoviert. Heute dient das ehemalige Herrschaftshaus als Nationalmuseum, das zahlreiche Fotografien, Karten und Gegenstände aus der Geschichte Dubais und der arabischen Kultur ausstellt. Dabei liegt der Fokus immer auf der Herrscherfamilie und ihrem Beitrag zur Entwicklung des Emirats.

💡 Sheik Saeed al-Maktoum

Sheikh Saeed al-Maktoum lebte und regierte Dubai während der Blütezeit der Perlenfischerei. Unter seiner Herrschaft wurde der Hafen Dubais maßgeblich ausgebaut, was zu einem erheblichen Bevölkerungswachstum führte und die Stadt wirtschaftlich wiederbelebte, nachdem der Handel mit Perlen zusammengebrochen war.

Die wichtigste Straße in Dubai - Sheik Zayed Road

UND SONST SO?

WAFI

Ein Besuch der WAFI Mall lässt den eigentlichen Einkaufsgedanken schnell in den Hintergrund treten, denn das außergewöhnliche Design der Mall ist faszinierend. Das gesamte Areal erinnert an einen modernen ägyptischen Tempel mit einer imposanten Pyramide. Die Mall selbst ist ebenfalls in Form einer Pyramide gestaltet und beeindruckt mit einer gläsernen Dachspitze. In den zahlreichen Stockwerken findet man über 350 verschiedene Luxusgeschäfte und Gastronomieangebote. Doch die Attraktionen gehen weit über das Einkaufserlebnis hinaus. Ein zeitgemäßer Vergnügungspark für Kinder und Jugendliche, ein kristallener Irrgarten, ein eigener Spa- und Wellnessbereich sowie weitere imposante Gebäude tragen zur einzigartigen Atmosphäre bei. Zudem gibt es einen kleinen Souk und ein Hotel, das ebenfalls in Pyramidenform errichtet wurde. **Wo: Oud Metha Road | Dubai Healthcare City (Green Line) | So - Do, 10 - 22 Uhr und Fr, Sa, 10 - 00 Uhr** 📍 18

Emirates Towers

Die Emirates Towers ragen direkt entlang der Sheikh Zayed Road, der wichtigsten Verbindungsstraße Dubais, empor. Die

WAFI

Emirates Towers

BurJuman

Das BurJuman wurde 1992 eröffnet und zählt zu den älteren Einkaufszentren der Stadt. Trotz seines Alters ist der Mall jedoch nicht anzusehen, da das Gebäude in den letzten Jahren mehrmals renoviert und erweitert wurde. Dadurch kann das BurJuman sowohl in Bezug auf seine Größe als auch auf seine Ausstattung mit den neueren Einkaufszentren mithalten. Darüber hinaus wird das BurJuman oft als die luxuriöseste Mall in Dubai bezeichnet. Es wird gemunkelt, dass alle renommierten Luxusmarken hier vertreten sind. Neben dem Einkaufszentrum gehören zum BurJuman auch ein Business Tower und eine Luxus-Apartmentanlage. **Wo: Khalid Bin Al Waleed Road | BurJuman (Red Line | Green Line) | So - Do, 10 - 23 Uhr und Fr, Sa, 10 - 00 Uhr** 📍 20

Straße wurde zu Ehren des ersten Präsidenten der Vereinigten Arabischen Emirate, Scheich Zayed bin Sultan Al Nahyan (1918 - 2004), benannt. Die beiden Türme des Emirates Towers unterscheiden sich in ihrer Höhe, wobei der höhere Turm bei seiner Eröffnung im Jahr 2000 mit 354 Metern das höchste Gebäude der Stadt war. Heutzutage belegt er den 9. Platz in der Liste der höchsten Gebäude Dubais. Die Türme dienen hauptsächlich als Bürogebäude, beherbergen aber auch Hotels und das Einkaufszentrum »The Boulevard« bietet Besuchern ein vielfältiges Angebot. **Wo: Sheikh Zayed Road | Burj Khalifa / Emirates Towers (Red Line)** 📍 19

BurJuman

DUBAI

JU MEI RAH

Hochmodern und exklusiv präsentiert sich der Bezirk Jumeirah entlang eines rund 20 Kilometer langen Küstenabschnittes. Hinter meterhohen Mauern leben hier wohlhabende Emiratis in modernen Einfamilienhäusern, während die zahlreichen Hotels sich deutlich offener präsentieren. Viele von ihnen befinden sich in exponierten Lagen direkt am Strand oder auf der Sandinsel »Palm Jumeirah« und richten ihr Angebot vor allem an gut situierte Touristen. Die exzellenten Strände und Beachclubs hingegen sind für alle zugänglich. Insbesondere der breite Sandstrand der Dubai Marina, ein kompaktes Neubaugebiet mit einer beeindruckenden Skyline, verspricht ausgelassenen Badespaß. Damit hat sich dieser Bezirk in den letzten Jahrzehnten von einem fast gänzlich unbebauten Küstenabschnitt zu einem der teuersten Wohngebiete der Stadt entwickelt.

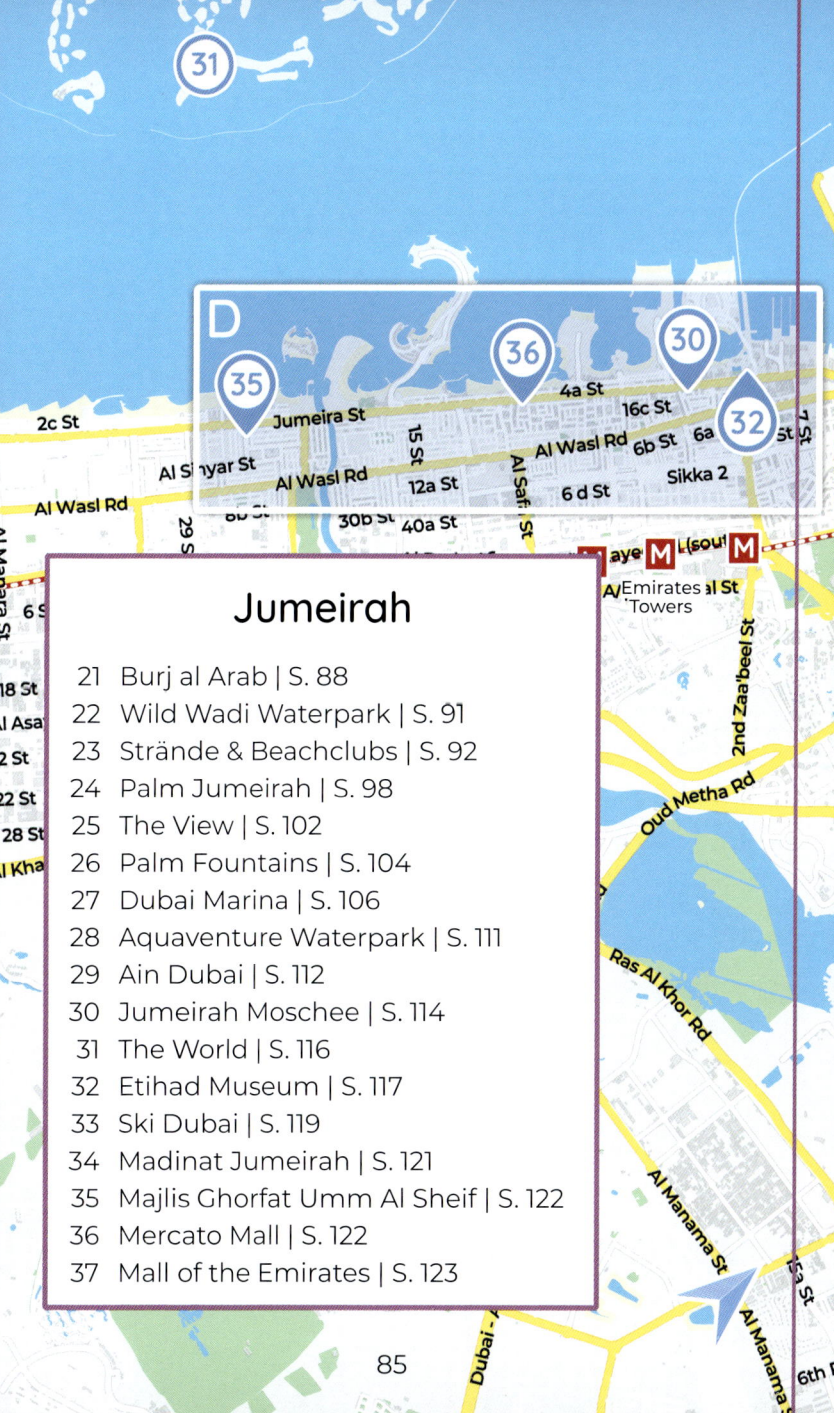

Jumeirah

A

29

Al Seyahi St

Al Mamsha St

T Tram

Al Seyorah St

Jumeirah
Beach R. 1

T

27

meirah
ch R. 2

Al Charbi St

Braih St

Al Emreef St

T Mari
Towe

Al Hubob St

Marina Walk

Al Seba St

Sheikh ___d Rd (south)

T
Dubai Marina
Mall

M
DMCC

Al Sarayat St

Al Sarayat St

Al Sarayat St

M
Damac

Dubai Tram

D

35

Al Nokhtha St

Al Bagaara St

Al Sinyar St

Layeh St

Al Wasl Rd

4a St

3 St

Al Athar St

53a St

16 St

Canal Walk

53 St

49 St

2d St

41 St

37 S

12c St

27 St

29b St

23b St

Jumeira St   Jumeira St

14a St

15 St

29 St

6b St

9a St

24a St

Al Wasl Rd

12a St

5a St

20a St

2a St

19 S

26d St

32d

20th St

B

Crescent Rd West — Crescent Rd West

Atlantis
Aquaventure

28

26

Al Khisab - Frond K St
Al Yabri - Frond F St

Al Fara - Frond L St
Al Bumaan - Frond E St

Al Sefri - Frond M St
Al Barhi - Frond D St

24

Al Naghal - Frond N St
Al Hilali - Frond C St

Al Safawi - Frond O St
Al Khalas - Frond B St

Palm Jumeirah BRdwalk

Palm Jumeirah BRdwalk

25

Nakheel
Mall

Al Ittihad

Al Seyahi St

36

30

32

Al Mina

4a St

4a St

8a St
12d St
39b St
16c St
12a St
5b St
30b St
21 St
4b St
7 St

1s Pcl.
69a St
26c St
51st
37 St
33 St
30 c St
2a St
8c St
23a St

28b St
32b St
26b St
2b St
8a St
14a St
2nd December St
31a St

2d St
79th St
2c St
51 St
45 St
12b St
Sikka 22a

24e St
81a St
12d St
53 St
41 St
3a St
Sikka 2
4a St
9 St
57a St

Al Safa
91a St
10d St
6 d St
Sikka 10b

Al Satwa Rd

Luxushotel in exponierter Lage

Burj al Arab

 Jumeirah Road |  Nahe First Abu Dhabi Bank (Red Line)

Kaum ein anderes Gebäude repräsentiert den Aufschwung Dubais Anfang der 1990er Jahre hin zur hochmodernen Metropole so gut wie das Burj al Arab. Mit seiner exponierten Lage und seiner einzigartigen Form ist dieses Hotel eine der wichtigsten Sehenswürdigkeiten der Stadt und zählt auch heute noch zu den beliebtesten Fotomotiven. Seit seiner Eröffnung im Dezember 1999 gehört das Hotel zu den luxuriösesten weltweit und wird inoffiziell auch als Sieben-Sterne-Hotel bezeichnet. Es ist nur über eine Brücke erreichbar, da es auf einer eigens aufgeschütteten Insel-

plattform vor der Küste steht. Die markante Form des Hotels, die an ein vom Wind durchströmtes Segel erinnert, ist aufgrund dieser Lage besonders gut erkennbar. Hinter der makellosen Fassade erstrecken sich auf 28 Stockwerken moderne Luxus-Suiten. Bei genauer Betrachtung kann man auch den seitlich angebrachten Hubschrauberlandeplatz auf der obersten Ebene entdecken, der von wohlhabenden Gästen gerne genutzt wird.

Der Glanz im Inneren

Die Ausstattung des Hotels entspricht höchsten Standards. Dies zeigt sich bereits in den insgesamt 202 Hotelsuiten, von denen jede mindestens 169 Quadratmeter groß ist. Das luxuriöse Mobiliar und das Design variieren dabei von Suite zu Suite. Neben dem erstklassigen Komfort des Hotels, dessen Preise bei 1.500 € pro Suite und Nacht beginnen, zählt das Al Muntaha Restaurant im 27. Stockwerk zu den weiteren Höhepunkten des Burj al Arab. Hier erwartet Gäste nicht nur eine

Das Fischrestaurant Al Mahara

vielfältige kulinarische Auswahl, sondern auch eine herausragende Qualität der Speisen. Der spektakuläre Blick auf die Stadt und der exzellente Service tragen zusätzlich zur einzigartigen Erfahrung bei. Die Preise für eine Salatvorspeise beginnen bei etwa 50 €. Darüber hinaus verfügt das Burj al Arab über sieben weitere außergewöhnliche Restaurants, darunter das Fischrestaurant Al Mahara mit seinem beeindruckenden Aquarium. Im 18. Stockwerk befindet sich der Pool- und Spa-Bereich des Hotels. Gemäß der arabischen Kultur gibt es separate Bereiche für Männer und Frauen, wobei der Bereich für Männer auch von Frauen betreten werden darf. Zusätzlich gibt es einen Außenpool, der im Sommer gekühlt und im Winter beheizt wird.

North Deck

Während die Gäste des Burj al Arab bis vor einiger Zeit mit privaten Limousinen zum nahen Privatstrand gefahren werden mussten, können sie nun ganz entspannt und direkt am Hotel den Sand unter den Füßen spüren. Möglich macht das ein gigantischer, schwimmender Ponton, der an die Meeresseite des Hotels angebracht wurde. Auf dem »North Deck« (auch Terrace genannt) finden die Gäste alle Annehmlichkeiten, die sie vom Hotel gewohnt sind. Mit einer Fläche von 10.000 Quadratmetern bietet das North Deck ausreichend Platz für zwei beeindruckende Poolanlagen, eine Bar und ein weiteres Restaurant. Der Salzwasserpool am Ende der Terrasse verfügt über eine Infinity-Optik und bietet so einen ungestörten Blick auf das Meer. Um die Illusion perfekt zu machen, wurde eine großzügige Sandstrandzone um das Areal geschaffen. Trotz all des gebotenen Luxus bleibt jedoch ein Wunsch unerfüllt: Man kann auch weiterhin

Die Lobby vom Burj al Arab

nicht vom North Deck aus direkt im Meer baden. Hierfür müssen die Gäste weiterhin zum Privatstrand gefahren werden. Das North Deck wurde zusammen mit allen Aufbauten in Finnland gebaut und anschließend mit Spezialschiffen nach Dubai transportiert.

Kein Zugang

Wenn man kein Gast des Hotels ist, wird einem oft der Besuch verwehrt. Bereits am Brücken-eingang wird man häufig vom Sicherheitspersonal abgewiesen, sowohl bei der Ankunft mit dem Taxi als auch zu Fuß. Nur selten wird einem der Durchgang gestattet. Falls man jedoch erfolgreich durchkommt, kann man anschließend nur die Lobby bewundern, da die weiteren Bereiche des Hotels ausschließlich den Hotelgästen vorbehalten sind.

ⓘ Burj al Arab besuchen

Falls Sie eine Tischreservierung in einem der Restaurants vorgenommen haben, können Sie selbstverständlich das Hotel betreten. Sollten Ihnen die regulären Preise für die Gerichte zu hoch sein, empfiehlt sich eine Tea- oder Cocktail Time in der Skyview Bar. Dort können Sie bei bestem Blick über die Stadt exquisites Gebäck oder Cocktails genießen. Die Preise beginnen bei mindestens 50 € pro Person und beinhalten den Zutritt zum Hotel. Etwas preiswerter sind die gleichen Veranstaltungen in den anderen Restaurants, allerdings ohne Aussicht. Reservierungen für dieses Erlebnis können sowohl vor Ort als auch online getätigt werden.

📍 22
Wild Wadi Waterpark

 Jumeirah Road    Nahe First Abu Dhabi Bank (Red Line)    Mi - Mo, 10 - 18 Uhr

 215 AED ~ 53 €    https://wildwadi.com/

Der Wild Wadi Waterpark, der sich direkt neben dem Jumeirah Beach Hotel befindet und einen Blick auf das Burj al Arab (S. 88) bietet, verspricht sowohl Spaß als auch eine erfrischende Abkühlung. Dieser hochmoderne Wasserpark ist jedoch kein gewöhnlicher Park wie man ihn eventuell aus dem Mittelmeerraum kennt. Mit 28 Wasserrutschen, darunter auch viele längere Rutschen, bietet er sowohl Großen als auch Kleinen einen unterhaltsamen Tag. Zusätzlich warten auch einige Extremrut-schen darauf, von abenteuerlustigen Besuchern ausprobiert zu werden. Der Park verfügt außerdem über ein großes Wasserbecken und einen abwechslungsreichen Kinderbereich. Die Eintrittskosten richten sich nach der Körpergröße des Besuchers. Erwachsene zahlen in der Regel 259 AED und Kinder unter 1,10 Metern 249 AED Eintritt. Gäste des angrenzenden Jumeirah Beach Hotels, des Madinat Jumeirah und des Burj al Arab haben kostenlosen Zugang zum Park.

Strände & Beachclubs

Bei Badeurlaubern steht Dubai bereits seit Jahren hoch im Kurs. Obwohl die Strände optisch häufig künstlich und karg wirken und nicht mit den Naturstränden im Mittelmeerraum oder der Karibik mithalten können, überzeugt die Küste Dubais mit kristallklarem Wasser, feinen, flach abfallenden Sandstränden und durchschnittlichen Wassertemperaturen von 28 Grad Celsius. Viele Hotels bieten ihren Gästen außerdem private Strandabschnitte mit zusätzlichen Annehmlichkeiten und Serviceleistungen bis hin zur Strandliege. Diese Komfortleistungen schätzen die Badegäste, weshalb sie regelmäßig nach Dubai zurückkehren. Doch auch abseits der privaten Hotelstränden hat sich in Dubai viel im Bereich des Badeurlaubs getan. Entlang der rund 15 Kilometer langen Strandpromenade in Ju-meirah ist das Meer stets nur wenige Schritte entfernt. Einige Abschnitte verfügen zudem über Sonnenliegen, Restaurants, Umkleideräume und sanitäre Einrichtungen. An anderen Stellen gelten besondere Regeln, wie markierte Badestellen oder Bereiche für Kitesurfer. Die folgende Liste zeigt, wo man bedenkenlos baden gehen kann.

La Mer Beach (A)

An der nordöstlichen Küste wurde vor einigen Jahren ein

La Mer Beach

völlig neues Strandgebiet geschaffen, das sich bereits jetzt als Hotspot für Tagesbesucher etabliert hat. Das Areal ist von künstlich angelegten Sandspitzen umgeben und teilt sich in zwei Strandabschnitte auf. Hier können Besucher nach Belieben baden und erholsame Stunden am Strand verbringen. Für zusätzlichen Komfort stehen mietbare Sonnenliegen zur Verfügung. Kostenlose sanitäre Anlagen, Duschen und Umkleidekabinen sind ebenfalls vorhanden. Das gesamte Gebiet wird von Rettungsschwimmern überwacht. In der Mitte der beiden Strandabschnitte erstreckt sich eine weitere Landzunge ins Meer, auf der sich Restaurants und ein kleiner Aquapark befinden. Entlang der Promenade haben sich Geschäfte sowie weitere Restaurants niedergelassen. Vor allem Urlauber, die Abwechslung suchen, werden diesen Ort zu schätzen wissen. **Adresse: Jumeirah St. / 39b St. Bushaltestelle: Beach Center Metro: höhe Emirates Towers**

Al Mamzar Beach Park

Auf der Suche nach einem Strand nördlich der Stadt? Dann lohnt sich ein Besuch des Al Mamzar Beach Park (S. 148) - der einzige Strand im nordöstlichen Teil Dubais.

Jumeirah Beach I (B) | Open Beach (C)

Südwestlich von »La Mer« erstreckt sich ein öffentlicher Strandabschnitt ohne Annehmlichkeiten wie Liegen, Strandbars oder Restaurants. Es gibt nur vereinzelt Toiletten und Umkleidekabinen. Dennoch ist das Baden an den durch Flaggen und Bojen gekennzeichneten Stellen erlaubt. Eine Überwachung des Strandes findet ebenfalls statt, kann jedoch nicht immer garantiert werden. Dieser Abschnitt erstreckt sich bis zum »Island Dubai Harbour« und geht dann in den »Open Beach« über. An diesem Strandabschnitt gibt es Umkleidekabinen, Duschen und sanitäre Anlagen.

Adresse: Jumeirah St. / Al Urouba St. | Bushaltestelle: Rashid Al Hadees Masjid | Metro: höhe Burj Khalifa / Dubai Mall

Jumeirah Beach II (D) | Kite Beach (E)

Ab der neu angelegten Mündung des Creeks erstreckt sich ein etwa fünf Kilometer langer Küstenabschnitt mit einem frei zugänglichen Strand- und Badebereich. Das Gebiet ist weitgehend naturbelassen. Gastro-

nomische Einrichtungen und sanitäre Anlagen sind entlang der Straße nur vereinzelt vorhanden. Die Überwachung des Strandes ist ebenfalls begrenzt. Dadurch gibt es selbst an belebten Tagen ausreichend freie Flächen. Einige Abschnitte werden zeitweise für Sport- oder Unterhaltungsveranstaltungen genutzt. Der Küstenabschnitt wird durch einen Jachthafen und den »Kite Beach« unterbrochen. Hier ist ab dem Nachmittag das Kitesurfen erlaubt. Hier finden sich auch Umkleideräume, Geschäfte und sanitäre Einrichtungen.

Adresse: Jumeirah St. / Umm Al Sheif Rd. | Bushaltestelle: Abu Manara Masjid | Metro: höhe Al Safa

Sunset Beach (F)

Nur wenige hundert Meter vom Burj Al Arab entfernt befand sich der Sunset Beach - lange Zeit einer der beliebtesten Strandabschnitte in Dubai. Von diesem Ort aus konnte man malerische Sonnenuntergänge hinter dem imposanten Hotel genießen, ein beeindruckender Anblick, der nicht umsonst zu den begehrtesten Fotomotiven in Dubai zählt. Leider ist der ungestörte Blick auf das Hotel seit dem Beginn des Bauprojekts »Marsa Al Arab« nicht mehr möglich. Es gibt derzeit keine gleichwertige Alternative, da der kleine Sandstrand südlich der Baustelle zum Privatstrand des Jumeirah Beach Hotels gehört. Auch der neue Strand, der nach Abschluss der Bauarbeiten einen exklusiven Blick auf das Burj Al Arab bietet, wird voraussichtlich ein Privatstrand sein. Somit kann der Sunset Beach in Zukunft nur noch als Badeort genutzt werden.

Adresse: Jumeirah St. / Al Thanya St. | Bushaltestelle: Umm Suqeim Park | Metro: Umm Al Sheif

Al Sufouh Beach (G)

Zwischen dem Burj al Arab (S. 88) und der Palm Jumeirah (S. 98) befindet sich möglicherweise der naturbelassenste Strand Dubais. Abgesehen von einem Strandhäuschen gibt es hier keine Infrastruktur. Dieser Abschnitt wird zu Recht von Naturliebhabern besonders geschätzt. Darüber hinaus verfügt der Strand über einen großen Parkplatz, der eine bequeme Anreise mit dem Auto ermöglicht.

Adresse: King Salman Bin Abdulaziz Al Saud St. / Hessa St. | Bushaltestelle: Dubai College | Metro: höhe Dubai Internet City

Marina Beach (H)

Bei Einwohnern und Touristen gleichermaßen beliebt ist der Sandstrand der Dubai Marina (S. 106). Dieser langgestreckte Strand grenzt direkt an die Hochhäuser der Marina und ist daher bequem zu Fuß erreichbar. Das Gesamtbild wird durch die gut ausgebaute Promenade mit Restaurants und Einkaufsmöglichkeiten abgerundet. An den Wochenenden kann der Strand jedoch schnell überfüllt sein. Es gibt Umkleideräume, Duschen und sanitäre Einrichtungen für die Besucher.

Adresse: The Walk | Straßenbahn: nahe Jumeirah Beach Residence I + II | Metro: höhe DMCC

Palm West Beach (I)

Entlang der westlichen Seite des Palmenstamms erstreckt sich ein öffentlicher Strand von etwa 1,5 Kilometern Länge. Hier können Besucher zwischen Abschnitten ohne Liegen oder kleinen Strandbars wählen. Die Strandbars bieten gegen Gebühr Sonnenliegen und Schirme an. Zudem lädt die lange Promenade zu entspannten Spaziergängen ein.

Adresse: Palm Jumeirah | Monorail: höhe Al Ittihad

Privatstrände / Beachclubs

Die zahlreichen Beachclubs und privaten Strände in Dubai erfreuen sich einer immer größeren Beliebtheit. Der Zugang zu diesen Einrichtungen ist jedoch nur gegen einen kostenpflichtigen Tagespass gestattet. In einigen dieser Clubs wird Alkohol ausgeschenkt, weshalb der Zutritt erst ab 21 Jahren gestattet ist. Im Folgenden finden Sie eine kleine Auswahl solcher Beachclubs und privater Strände.

Bla Bla Beachclub (J)

Ein angesagter Beachclub gänzlich ohne Strand dafür aber mit Blick auf das »Ain Dubai« (S. 112) und mit Alkoholausschank. Das Motto: Tagsüber im Pool relaxen und mit Einbruch der Dunkelheit Party. Das Konzept wird durch eine vielfältige Auswahl an Speisen von Frühstück bis Abendessen abgerundet. An den Wochenenden können die Wartezeiten jedoch lang sein. Eine Reservierung in den Restaurants ist online möglich.

Adresse: The Walk | Straßenbahn: nahe Jumeirah Beach Residence I + II | Metro: höhe DMCC | Tagespass (Beachclub): ab 200 AED (~ 48 €) am Wochenende ab 300 AED

Azure Beach (K)

Der kostenpflichtige Azure Beach bietet den Gästen zusätzlichen Komfort und garantierte Sonnenliegen am Strand. Tagesbesucher haben außerdem Zugang zu den Annehmlichkeiten des angrenzenden Hotels, wie dem Pool und dem Loungebereich für Speisen und Getränke. Der hohe Eintrittspreis beinhaltet auch einen Verzehrgutschein im Wert von mindestens 100 AED.

Adresse: Rixos Premium Dubai / The Walk | Bushaltestelle: Jumeirah Beach Residence St. 1 | Metro: höhe DMCC | Tagespass: 300 AED (~ 73,90 €) am Wochenende 400 AED

Barasti Beach (L)

Eine Besonderheit des Beachclubs ist der Ausschank von alkoholischen Getränken, was normalerweise den privaten Hotelstränden vorbehalten ist. Dieser Umstand trägt zu einer stetig hohen Besucherzahl bei. Tagsüber können die Gäste bei einem Drink am Strand, am Pool oder in der Lounge entspannen. Sobald die Sonne untergeht, verwandelt sich der Beachclub in eine große Open-Air Party. Live-DJs legen regelmäßig auf und die Partygäste feiern bis spät in die Nacht. Der Eintritt ist kostenlos, jedoch erst ab 21 Jahren gestattet.

Adresse: Al Seyahi St. | Bushaltestelle: Mina Al Siyahi | Metro: höhe Al Khail | Eintritt: kostenlos

Rixos Beach (M)

Am äußersten Ende der Palm Jumeirah erstreckt sich der Strand des Rixos Hotels. Als Tagesgast hat man Zugang zum Strand, zu allen Pools und zu den Serviceeinrichtungen des Hotels. Darüber hinaus ist dies der einzige Ort auf der Palm Jumeirah, an dem Wassersportar-ten wie Jetski oder Wasserski angeboten werden.

Adresse: Rixos The Palm | nur Taxi | Tagespass: 399 AED (~ 98 €) am Wochenende 499 AED

Summersalt Beachclub (N)

Dieser Beachclub richtet sich ebenfalls an ein zahlungskräftiges Publikum und bietet dafür alle erstklassigen Annehmlichkeiten. Der exzellente Sandstrand bietet nicht nur einen ungestörten Blick auf das Burj al Arab (S. 88), sondern verwöhnt die Gäste auch mit einem Rundum-Service und ausreichender Privatsphäre. Darüber hinaus gibt es eine luxuriöse Lounge mit einem Gourmetrestaurant.

Adresse: Madinat Jumeirah | Metro: höhe Mall of the Emirates | Tagespass: 390 AED (~ 93,70 €) am Wochenende 490 AED

Marina Beach

Einzigartiges Projekt vor der Küste Dubais

Palm Jumeirah

 Palm Jumeirah |  Nahe University (Red Line)
PalmJumeirah (Tramline)

Der Drang, einzigartige Bauprojekte zu realisieren, zeigt sich in keinem anderen Teil von Dubai so deutlich wie bei den beiden Palmeninseln »The Palm Jumeirah« und »The Palm Jebel Ali«. Trotz anfänglicher Skepsis vieler internationaler Architekten ragen heute zwei gigantische künstliche Sandpalmen direkt vor der Küste aus dem Meer. Der Bau dieses ehrgeizigen Projekts begann im Jahr 2001 mit der ersten Palme vor dem Bezirk Jumeirah. Über 200 Millionen Kubikmeter Meeressand wurden mithilfe spezieller Schiffe aufgespült und anschließend durch ein spezielles Verfahren verdichtet, um zu verhindern, dass der Sand wieder weggespült wird. Um die Palme vor starken Wellen und anderen Umwelteinflüssen zu schützen, wurde zusätzlich ein Ring aus steinernen Wellenbrechern um das äußerste Palmblatt errichtet. Dadurch entstand eine künstliche Insel mit einer Gesamtlänge und -breite von etwa fünf Kilometern. Nachdem die Palme in ihrer Grundform fer-

Nördlicher Blick auf die Palme - im Vordergrund das Atlantis Hotel

tiggestellt war, begann der zweite Bauabschnitt. Zunächst nur mit der Errichtung einer Infrastruktur, starteten kurz darauf die ersten Bauarbeiten für die Gebäude. Auf dem Stamm der Palme und dem bebauten Wellenbrecherring entstanden vorwiegend Hotels und größere Wohnkomplexe. Auf den einzelnen Palmblättern wurden hingegen private Häuser und Ferienhäuser errichtet. Jedoch wurde besonders durch die Wirtschaftskrise ab 2007 der Fortschritt vieler Bauprojekte vorübergehend gebremst. Doch mittlerweile sind fast alle Baugrundstücke verkauft und die Häuser errichtet worden - zumindest auf der Palm Jumeirah.

Palm Jumeirah erkunden

Um die Palme zu erkunden, beginnt man am besten am Stamm. Diesen kann man entweder mit dem Auto oder mit Hilfe der oberirdisch verlaufenden Monorail erreichen. Angekommen am Stamm, findet man vor allem Wohnkomplexe, Einkaufszentren und Parks. Von dort aus führen außerdem Straßen zu den einzelnen Palmblättern, von denen jedoch nicht alle betreten werden dürfen. Zu den wichtigsten Sehenswürdigkeiten am Stamm zählen die Aussichtsplattform »The View« (S. 102) und die neuen »Palm Fountains« (S. 104). Ein weiteres

EINGE SCHO BEN

Palm Jebel Ali

Das zweite Projekt »Palm Jebel Ali« wurde stärker von den Auswirkungen der Wirtschaftskrise beeinflusst. Mit ihrer Form und Größe ist sie nahezu identisch mit der ersten Palme und auch die Bauarbeiten zur Sandaufspülung wurden 2008 planmäßig abgeschlossen. Obwohl zu diesem Zeitpunkt angeblich alle 2.500 Grundstücke verkauft waren, liegt die Palme bis heute brach. Hauptgründe dafür sollen Zahlungsschwierigkeiten der Baufirmen sein. Trotz der Überwindung der Krise wurden die Arbeiten an der zweiten Palme bislang nicht wieder aufgenommen. Gleichzeitig setzt der Verfall der Insel ein, da der Wind allmählich den Sand abträgt.

Highlight befindet sich dagegen am nördlichsten Punkt der Palme. Hier befindet sich der beeindruckende Wellenbrecherring mit dem exklusiv platzierten Hotel Atlantis. Das Hotel ist gut sichtbar positioniert und kann ebenfalls bequem mit der Monorail erreicht werden, da diese von der Spitze der Palme über das Meer direkt zum Hotel führt. Dabei ist das Atlantis Hotel mehr als nur ein Luxushotel mit exklusiven Zimmern und Suiten - es beeindruckt vor allem durch seine vielseitigen Attraktionen, die den eigentlichen Hotelaufenthalt in den Hintergrund treten lassen. Wie der Name bereits vermuten lässt, ist das Hotel thematisch der legendären versunkenen Stadt Atlantis gewidmet. Es beherbergt ein spektakuläres Aquarium, die sogenannte Ambassador Lagoon, in der mehr als 65.000 Meereslebewesen leben. Das Aquarium ist auch Teil der Lost Chambers, einem labyrinthartigen Komplex mit mehreren Räumen, der

i Monorail

Die bequemste Möglichkeit, die beiden Enden der Insel zu erreichen, bietet die private Monorail. Sie startet am Stamm der Palme und verläuft auf erhöhten Stelzen bis zum Hotel Atlantis. Die Monorail hat insgesamt fünf Haltestellen entlang der Strecke. Besonders beeindruckend ist das letzte Teilstück, bei dem die Bahn direkt über das türkisblaue Wasser bis zum äußeren Ring der Palme fährt. Es ist jedoch wichtig zu beachten, dass die Monorail nicht Teil des öffentlichen Verkehrsnetzes ist und daher separat bezahlt werden muss.

sich ebenfalls mit dem Thema Atlantis befasst. Noch interessanter wird es für viele im angrenzenden Aquaventure Waterpark (S. 111), sowie im Delfinzentrum Dolphin Bay, das sich am Strand befindet.

Imposanter Blick auf die Palmeninsel

The View

 The Palm Jumeirah  Nakheel Mall (Tramline) 🕐 Täglich 9 - 22 Uhr

 Ab 100 AED ~ 25 € ⌨ www.theviewpalm.ae

Trotz ihrer beeindruckenden Form konnten bisher nur wenige Menschen das imposante Ausmaß der künstlichen Palmeninsel »The Palm Jumeirah« in ganzer Pracht bewundern. Eine solche Möglichkeit war bisher nur mit teuren Hubschrauberflügen gegeben. Glücklicherweise gibt es nun eine deutlich erschwinglichere Alternative, die einen ähnlich atemberaubenden Blick auf die Insel ermöglicht. Dabei handelt es sich um den neu eröffneten »Palm Tower«, der sich in der Mitte der Insel befindet. Auf einer Höhe von 240 Metern (im 52. Stockwerk) bietet die Aussichtsplattform »The View« einen spektakulären 360-Grad-Rundumblick über die künstliche In-

sel und die benachbarte Dubai Marina (S. 106) mit ihren imposanten Hochhäusern. An klaren

💡 Nakheel Mall

Die neu eröffnete Nakheel Mall fügt sich nahtlos in die beeindruckende Auswahl an »Mega-Malls« in Dubai ein. Mit einer Gesamtfläche von 400.000 Quadratmetern, die sich auf fünf Etagen verteilen, übertrifft sie sogar die Dubai Mall (S. 48). Mit 140 Geschäften, einem großzügigen Food Court mit Schnellrestaurants und einem separaten Bereich mit gehobenen Restaurants und Cafés bleibt kaum ein Wunsch unerfüllt. Zu erreichen ist die Mall komfortabel mit der Monorail. Diese führt direkt durch die Mall und verfügt über eine eigene Haltestelle.

Tagen ist sogar das Burj al Arab (S. 88) erkennbar. Zusätzlich ermöglichen Glasböden den Blick nach unten und bieten einen Ausblick auf die »Nakheel Mall«. In naher Zukunft soll die Plattform um eine weitere exklusive Aussichtsmöglichkeit im 54. Stockwerk erweitert werden, um das VIP-Angebot rund um die Aussichtsplattform zu verbessern. Schon jetzt gibt es jedoch einen separaten Zugang zu einem exklusiven Loungebereich, der jedoch ein entsprechend hochpreisiges Ticket erfordert. Der Blick von dort ändert sich dagegen nur geringfügig.

Skypool

Die Aussicht genießen und dabei die Seele baumeln lassen - eine entspannte Art des Sightseeings. Nur wenige Stockwerke unterhalb der Aussichtsplattform, im 50. Stockwerk, erstreckt sich rund um den Tower ein atemberaubender Pool. Die exklusive »Aura Skypool Lounge« gehört derzeit zu den beliebten Hotspots der Stadt. Hier kann man zwischen gemütlichen Loungemöbeln und einer modernen Bar den Alltag im kühlen Nass herrlich entspannt verbringen. Es wird empfohlen, frühzeitig online die begehrten Plätze zu reservieren.

Blick auf die Nakheel Mall

Palm Fountains

 The Pointe | Palm Jumeirah   🚝 Nakheel Mall (Monorail) - 2 km entfernt

🎫 kostenlos   🕐 ab Sonnenuntergang - im 30 Minuten Takt

Eine beeindruckende Fontänenshow in Dubai ist zweifellos keine neue Attraktion. Die »Dubai Fountains« (S. 50) am Fuße des Burj Khalifa gehören bereits seit Jahren zu den Höhepunkten eines jeden Besuchs in Dubai. Den Emiratis kann man jedoch keinesfalls Stillstand vorwerfen und als Stadt der Superlative sind sie stets bestrebt, sich immer wieder aufs Neue zu übertreffen. Aus diesem Grund können Besucher nun die flächenmäßig größten Wasserspiele der Welt bewundern. In dem neu errichteten Ausgehviertel »The Pointe« am oberen Stamm der Palm Jumeirah verlaufen die Fontänen entlang beider Seiten der Bucht. Das Konzept der Fontänen hat sich im Vergleich zu den ersten Fontänen nicht verändert. Sobald die Sonne untergeht, sprühen die Fontänen in regelmäßigen 30-Minuten-Intervallen in die Höhe. Dieses Schauspiel wird von unterschiedlichen Musikstücken begleitet, deren Rhyth-

The Pointe

Das neue Areal erstreckt sich auf einer Länge von 1,5 Kilometern unmittelbar an der Uferpromenade. Dutzende Restaurants und Bars ergänzen die Szenerie, die mit ihren Außenterrassen zudem einen guten Blick auf die Fontänen ermöglichen.

mus die Wasserstrahlen synchronisiert. Zusätzlich werden die Fontänen von rund 3.000 LEDs in bunten Farben beleuchtet.

Welche Fontänen sind sehenswerter?

Obwohl die neuen Wasserspiele in Bezug auf ihre Fläche einen Weltrekord aufstellen, können sie aufgrund ihrer Aufteilung nicht in ihrer Gesamtheit bewundert werden. Auch die Höhe der Wasserfontänen erreicht nicht das Niveau der Fon-

tänen am Burj Khalifa. Daher bieten die bewährten Fontänen im Stadtzentrum weiterhin ein beeindruckenderes Gesamtbild. Bei Zeitdruck empfiehlt es sich daher, die Klassiker zu besuchen.

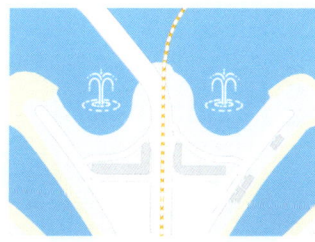

Neue Skyline von Dubai

Dubai Marina

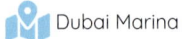 Dubai Marina |  Jumeirah Lake Towers (Red Line)

Die Dubai Marina hat sich seit ihrer schrittweisen Fertigstellung vor einigen Jahren als einer der Hotspots der Stadt etabliert. Neben vielen Apartments mit direkter Meereslage haben sich hier auch zahlreiche renommierte Hotels niedergelassen, darunter Fünf-Sterne-Hotels wie das »Hilton Dubai Jumeirah«, das »Le Meridian Mina Seyahi« und das »Ritz Carlton«. Dabei ist das Areal der Marina von einem künstlich angelegten Kanal umgeben und bildet mithin eine Art vorgelagerter Insel. Zu den Höhepunkten der Marina zählt der ausgedehnte Strandbereich, der für alle Besucher frei zugänglich ist. Darüber hinaus beeindruckt die Marina mit ihrer außergewöhnlich hohen Dichte an Hochhäusern. Auf nur vier Quadratkilometern prägen etwa 200 Wolkenkratzer das Stadtbild und bieten vor allem vom Meer aus betrachtet eine imposante Skyline. Ein besonders eindrucksvoller Abschnitt der Marina befindet sich dabei im Nordosten, entlang des dortigen Yachthafens, wo

sich die glanzvollsten Wolkenkratzer der Marina erstrecken. Im südlichen Teil befinden sich dagegen die Hochhäuser der »Jumeirah Beach Residence« (JBR), einem Wohnkomplex für bis zu 10.000 Menschen, der aus knapp 40 Wohntürmen besteht. Die einheitlich in Sandfarben gehaltenen Gebäude gefallen jedoch nicht jedem und spalten die Meinungen der Bevölkerung. Viele betrachten sie als monotonen Blockbau und bezeichnen sie als die »Plattenbauten von morgen«. Gleichwohl ist die JBR der größte Wohnkomplex der Welt.

Hochhäuser

Viele Hochhäuser sind spektakulär anzusehen und zeichnen sich durch unverkennbare architektonische Merkmale aus.

Besonders auffällig ist der »Cayan Tower«, der sich über seine gesamte Höhe von 306 Metern um 90 Grad dreht. Der »106 Tower« soll mit einer Höhe von 445 Metern der höchste Turm der Marina werden. Ursprünglich war seine Fertigstellung für 2012

Cayan
Tower

Prince
Tower

Emirates
Crown

The
Torch

Dream Dubai
Marina

23 Marina

ⓘ Straßenbahn

Innerhalb der Marina verkehrt eine Straßenbahn auf den Hauptstraßen, die es ermöglicht, weite Strecken schnell und komfortabel zurückzulegen. Die Straßenbahn verbindet die Marina mit der Anschlussstelle Palm Jumeirah, wo ein Umstieg auf die Monorail möglich ist. An verschiedenen Stationen gibt es zudem Anbindungen zur Metro.

geplant, aber auch der Termin für 2019 konnte nicht eingehalten werden. Derzeit ist der höchste Wolkenkratzer der Marina der Service-Apartment-Komplex »Marina 101« mit einer Höhe von 427 Metern. Nur geringfügig kleiner ist der »Princess Tower« mit 414 Metern, der mit seinem markanten Abschluss, der an eine Krone erinnert, beeindruckt. Ebenfalls beeindruckend ist das »Ocean Heights«, das sich nach oben hin öffnet und eine geschwungene Form aufweist.

Dubai Marina entdecken

Die Dubai Marina lässt sich im Gegensatz zu vielen anderen Stadtteilen Dubais wunderbar zu Fuß erkunden. Gut ausgebaute Gehwege entlang der verschiedenen Promenaden und Straßen bieten immer neue Perspektiven auf die Hochhäuser. Besonders bei Einbruch der Dunkelheit, wenn die Temperaturen angenehmer werden und die Marina im hellen Licht der Gebäude erstrahlt, lassen sich großartige Fotomotive entdecken. Zusätzlich sind die Straßen gesäumt von zahlreichen Restaurants und Einkaufsmöglichkeiten, die allesamt zum Verweilen einladen. Für ausgiebiges Shopping empfiehlt sich die »Dubai Marina Mall« oder die neu eröffnete Flaniermeile »The Wharf« auf der südlichen Insel Bluewaters Island, wo auch das beeindruckende Riesenrad Ain Dubai (S. 112) zu finden ist. The Wharf bietet dabei ein Einkaufserlebnis unter freiem Himmel, was eine angenehme Abwechslung zu den klimatisierten Einkaufszentren darstellt. Ein weiterer Höhepunkt ist der weitläufige »Marina Beach«. Mit einer Länge von fast zwei Kilometern ist er der längste Strand der Stadt und zudem frei zugänglich (S. 92). Obwohl der Strand an einigen Stellen nicht besonders breit ist, sollte immer genügend Platz im feinen Sand vorhanden sein. Lediglich an den Wochenenden kann es etwas voller werden. Die parallel zum Strand verlaufende Promenade ist ebenfalls gut ausgebaut und bietet eine Vielzahl von Restaurants.

Aquaventure Waterpark

 Atlantis Hotel | Palm Jumeirah  Palm Atlantis (Monorail) 🕐 Täglich, 10 - 19 Uhr

🎫 315 AED ~ 78,50 €   ⌨ www.atlantisthepalm.com

Ein Besuch im Aquaventure Waterpark auf der Palmeninsel Jumeirah (S. 98) verspricht spektakuläre und abenteuerliche Erlebnisse, vor allem, da der Park für seine Vielzahl an aufregenden Wasserrutschen bekannt ist. Dutzende von Spaßröhren und Wasserkanälen warten darauf, entdeckt zu werden, wobei sich Action und Entspannung abwechseln. Viele der Rutschen können darüber hinaus mit Wasserreifen befahren werden - entweder alleine oder in Gruppen. Ein Höhepunkt des Parks ist der etwa zwei Kilometer langer Wasserkanal, der durch ein ausgeklügeltes System viele der Wasserrutschen verbindet, ohne dass man das Wasser verlassen muss. Besonders spektakulär ist die Wasserrutsche durch das Aquarium des im Hotel Atlantis gelegenen Bereichs. Die Fahrt beginnt im Park, während man mit einem Reifen durch eine gläserne Röhre rutscht, die mitten durch das Aquarium verläuft. Bei der Fahrt kann man die Meeresbewohner bewundern, während die Besucher des Aquariums wiederum die abenteuerlustigen Rutschenfahrer beobachten dürfen. Neben den vielen Wasserrutschen bietet der Wasserpark auch normale Schwimmbecken sowie einen vielfältigen Abenteurbereich für Kinder.

—————— Das größte Riesenrad der Welt ——————

Ain Dubai

 Bluewaters Island |  Jumeirah Beach Residence 2 (Tramline) - 1,8 km entfernt |  Mi - So, 11 - 21 Uhr

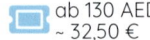 ab 130 AED ~ 32,50 € |  www.aindubai.com/en

Mit der Eröffnung des Ain Dubai hat das Emirat einen weiteren beeindruckenden Blickfang erhalten. Ob auf der Palm Jumeirah oder entlang der Promenade der Dubai Marina, das neue Riesenrad ist von überall aus sichtbar. Das liegt nicht nur an seiner exponierten Lage auf der Bluewater Island, sondern vor allem an seiner imposanten Höhe von 250 Metern. Das dies von den Betreibern genau so gewollt ist, zeigt schon der Name: »Ain« bedeutet im Arabischen Auge - es wird also als das »Auge Dubais« bezeichnet. Das Ain Dubai ist dabei zweifellos von der Optik her dem berühmten London Eye nachempfunden, was nicht überrascht, da beide Riesenräder vom selben Hersteller stammen. Doch bei den Dimensionen hören die Gemeinsamkeiten schnell auf. Bereits bei der Planung waren nur

Nahaufnahme einer der modernen Gondeln

Superlative im Spiel - typisch für Dubai. Ursprünglich mit einer Höhe von 210 Metern geplant, übertrifft das Ain Dubai nun diesen Wert um 40 Meter und ist damit um ein Vielfaches höher als der bisherige Weltrekordhalter - das »High Roller« in Las Vegas mit 168 Metern.

Rundfahrt im Riesenrad

Bevor die Fahrt in einer der insgesamt 48 klimatisierten Kabinen beginnt, heißt es zunächst einmal anstehen. Das Riesenrad bietet Platz für 1750 Passagiere, das sind etwa 40 Personen pro Kabine. Für mehr Komfort stehen auch VIP-Kabinen zur Verfügung, entweder als Privatkabine oder mit einer Bar, die mit Cocktails und Musik ausgestattet ist. Unabhängig der gewählten Wahl; spätestens nach Passieren der Sicherheitskontrolle und dem Betreten einer der Ka-

binen zählt für die meisten Besucher nur noch die Aussicht. Der Blick auf die Dubai Marina und die Palm Jumeirah ist dabei besonders spektakulär. Bei gutem Wetter und klarem Himmel kann man sogar einen Blick weiter über das Burj al Arab hinaus genießen. Nach etwa 40 Minuten endet die Fahrt und die Passagiere stehen wieder sicher auf festem Boden.

30

Vorzeigemoschee des Emirats Dubai

Jumeirah Moschee

 Jumeirah Road |  World Trade Centre (Red Line) - 2 km entfernt | 🕐 Sa - Do, Führung 10 Uhr

🎫 Eintritt 35 AED ~ 8,80 €

Im islamisch geprägten Emirat Dubai dient die Moschee als religiöser Treffpunkt für Gläubige. Angesichts dessen ist es überraschend, dass im heutigen Stadtbild von Dubai kaum Moscheen zu finden sind. Vor allem im modernen Teil der Stadt sucht man vergeblich nach äußeren Merkmalen solch religiöser Gebäude. Man muss also genau hinschauen, um eine Moschee in Dubai zu entdecken. Oftmals werden die vergleichsweise kleinen Moscheen von den imposanten Hochhäusern förmlich überstrahlt. Im Gegensatz zum Nachbaremirat Abu Dhabi, das die Sheikh-Zayed-Moschee als religiöses Monument beherbergt, besitzt Dubai kein solches Bauwerk. Dennoch braucht sich Dubai nicht zu verstecken. Mit der Jumeirah-Moschee besitzt die Stadt nämlich eine optisch ansprechende, wenn auch nicht übergroße Moschee. Fast schon malerisch präsentiert sich die Jumeirah Moschee mit ihrer kunstvoll gestalteten Rundkuppel und den zwei Minaretten. Diese aus weißem Kalkstein erbaute Moschee wurde 1975 auf Anweisung der

💡 Zutritt zur Moschee

Lange Zeit war es Touristen nicht gestattet, Moscheen in den Emiraten zu betreten und auch heute bleiben die meisten Türen für Nicht-Muslime verschlossen. Eine Ausnahme bildet jedoch die Jumeirah-Moschee, die für alle zugänglich ist. Allerdings gibt es auch hier eine Einschränkung: Der Zugang zur Moschee ist nur im Rahmen einer Führung möglich. Diese werden vom »Sheikh Mohammed Centre for Cultural Understanding« organisiert. Täglich von Samstag bis Donnerstag finden um 10 Uhr und 14 Uhr Führungen statt. Eine Anmeldung ist nicht erforderlich. Treffpunkt ist am Haupteingang 30 Minuten vor Beginn. Der Eintrittspreis beträgt 35 AED. Die etwa einstündige Führung ist sehr informativ und wird in englischer Sprache angeboten.

Herrscherfamilie Maktoum errichtet und gilt noch heute als Vorzeigemoschee Dubais. Besonders das schlichte Äußere, das eine Mischung aus glatten Oberflächen und orientalischen Ornamenten ist, wirkt zeitlos schön. Diese Merkmale sind auch im Inneren der Moschee zu finden. Die klare und aufgeräumte Struktur sowie die dezenten Verzierungen an den Wänden und Decken wissen zu begeistern. Die harmonisch aufeinander abgestimmten Farben runden den stimmigen Gesamteindruck ab und verleihen dem Raum eine unaufdringliche und ansprechende Atmosphäre.

Innenraum der Moschee

ⓘ Once Upon a Time Museum

Seit kurzem beherbergt die Jumeirah-Moschee ein kleines Museum, das verschiedene historische Gegenstände und Artefakte ausstellt. Dabei liegt der Fokus nicht auf der Religion, sondern vielmehr auf der geschichtlichen Entwicklung der VAE. Das Museum ist täglich (außer freitags) von 9 bis 17 Uhr für Besucher geöffnet.

The World

 Persischer Golf |  Boot oder Hubschrauber

Obwohl die beiden künstlich angelegten Palmeninseln (S. 98) bereits als Meilensteine moderner Bautechnik gelten, wurden diese mit dem neuen Bauprojekt »The World« noch einmal übertroffen. Durch die Verwendung der Sandspültechnik wurden 300 verschiedene kleine und große Inseln vor dem Festland geschaffen, die zusammen die Form unserer Erde abbilden. Im Gegensatz zu den Palmeninseln gibt es dabei keine direkte Verbindung zum Festland. Vielmehr befindet sich die Inselwelt etwa fünf Kilometer vor Dubais Küste, weshalb die einzelnen Inseln, die durchschnittlich eine Größe von 64.000 Quadratmetern haben, nur mit Booten oder Hubschraubern erreicht werden können - möglicherweise einer Hauptgründe für das Scheitern des Projekts.

Bau der Inseln

Wie auch beim Bau der zweiten Palmeninsel Jebel Ali (S. 99) wurden die Auswirkungen der Wirtschafts- und Finanzkrise beim Bau der neuen Inselwelt spürbar. Obwohl die Inseln von 2003 bis 2006 entstanden sind und ein Finanzvolumen von rund sieben Milliarden Euro aufwiesen, kam der Ausbau der einzelnen Inseln nach ihrer Entstehung zum Stillstand. Dies geschah, obwohl die meisten Inseln bereits verkauft sein sollen. Aufgrund des Baustopps begannen die Inseln allmählich wieder zu versanden, da die notwendigen Schutzarbeiten zur Verhinderung von Erosionen ausblieben. Viele der Inseln müssten bereits heute »restauriert« werden, bevor überhaupt

Privatinsel von Michael Schumacher

mit den Bauarbeiten begonnen werden könnte. Dennoch wird weiterhin am Projekt festgehalten, obwohl wahrscheinlich nicht alle Inseln bebaut werden. Derzeit sind zwei Inseln ausgebut worden: die Privatinsel »Michael Schumacher« und die exklusive Partyinsel »The Island«. Für einen Preis von etwa 300 AED (74 € | Onlinepreis) erhält man einen Tageszugang zur Insel inklusive Bootsüberfahrt. Ein weiteres Projekt umfasst gleich mehrere Inseln. Mit »The Heart of Europe« soll zukünftig ein Stück Europa direkt vor Dubai entstehen. Hierfür wurden vorerst sieben Inseln miteinander verbunden, darunter Deutschland, Schweden und die Schweiz. Auf ihnen entsteht ein Luxusresort mit 13 Hotels, über 4.000 Ferienhäusern und zahlreichen Privatimmobilien. Die Fertigstellung ist für 2026 geplant.

📍 32

Etihad Museum

 Jumeirah Street 1    World Trade Centre (Red Line) - 2 km entfernt   🕐 Täglich, 10 - 20 Uhr

🎫 25 AED ~ 6,30 €

Einen unkritischen, gleichwohl interessanten Einblick in die Geschichte der Vereinigten Arabischen Emirate bietet das »Etihad Museum«. Hier werden Informationen zur Gründung und Entwicklung der Emirate vermittelt. Das Bündnis aus sieben Emiraten, das 1971 in Dubai unterzeichnet und gegründet

wurde, betont sowohl damals als auch heute die Stärke und Geschlossenheit der Emirate, insbesondere in der Außenpolitik.

Museum

Die Botschaft des Museums wird bereits an der Außenseite des Gebäudes deutlich. Der geschwungene Bau, der eine harmonische Dach- und Bodenkonstruktion aufweist und von einer breiten Fensterfront geprägt ist, ähnelt auf der Vorderseite der Spitze eines Füllfederhalters und auf der Rückseite einem Stück Papier der Verfassung der VAE. Leider ist diese Verbindung nur schwer vom Boden aus zu erkennen. Das Innere des Museums ist modern und zeitlos gestaltet. Technik und Design werden geschickt kombiniert, um die Gründungsjahre der VAE zu präsentieren. Originale Bilder und Filmaufnahmen aus den Jahren 1968 bis 1974 veranschaulichen die Thematik. Der Fokus der Präsentation liegt dabei oft auf den Herrschern der sieben Emirate - besonders gut an den großzügig dimensionierten Porträts

Eingangshalle des Museums

der jeweiligen Scheiche erkennbar. Darüber hinaus wird eine Kopie der Gründungsurkunde der VAE mit allen Unterschriften ausgestellt, zusätzlich zu einer digitalen Version der Verfassung. Das Museum beleuchtet außerdem das Leben der normalen Bevölkerung vor und nach der Gründung der VAE und präsentiert originale Ausstellungsstücke aus den Bereichen Haushalt, Währung und Militär. Zusätzlich bietet das Museum Räumlichkeiten für temporäre Ausstellungen sowie eine moderne Bücherhalle.

💡 Union House

Den geschichtlichen Ereignissen rund um die Gründung ist man einige Meter abseits des Museums deutlich näher. Hier steht mit dem kreisrunden »Union House« das Gebäude, in dem die Feierlichkeiten zur Unterzeichnung und Gründung der VAE stattfanden. Das original erhaltene Haus kann auch ohne einen Besuch des Museums erreicht werden.

Ski Dubai

 Mall of the Emirates  Mall of the Emirates (Red Line)   Täglich, 10 - 00 Uhr

ab 220 AED ~ 55 €  www.skidxb.com

Schnee in der Wüste? Bei Temperaturen weit über 30 Grad schließt sich ein solches Phänomen naturgemäß aus. Doch die Architekten von Dubai wären nicht für ihre innovativen Lösungen bekannt, wenn sie nicht auch dieses Problem bewältigt hätten. Das Ergebnis ist der Sportkomplex Ski Dubai, eine komplett isolierte Skihalle, die Ende 2005 eröffnet wurde. Mithilfe dieser Einrichtung können sowohl Einheimische als auch Touristen das eisige Naturschauspiel sogar in der Wüste erleben. Die Halle wurde dabei direkt neben der Mall of the Emirates (S. 123) errichtet und fällt durch seine eigenwillige Form und sein silbernes Äußeres schnell ins Auge. Im Inneren erwartet die Besucher eine Schneefläche von 22.500 m² und eine konstante Temperatur von -2 Grad. Die Halle bietet eine Vielzahl von Aktivitäten. Skibegeisterte können zwischen fünf unterschiedlich schwierigen Pisten wählen, auf denen ein Höhenunterschied von 60 Metern auf einer Strecke von 400 Metern überwunden wird. Darüber hinaus verfügt die Halle über eine 90 Meter lange Halfpipe. Für ein abenteuerliches Erlebnis sorgen dagegen überdimensionalen Kugeln, in denen die Piste hinuntergerollt wird (Giant Ball). Ebenso aufregend, aber noch schneller, ist die Abfahrt im »Mountain Thriller«, einem Eiskanal, den man mit einem Schlitten befahren kann. Für diejenigen, die hoch hinaus wollen, gibt es den »Snow Bullet«. Mit dieser Stahlseilkonstruktion kann man die Skianlage überfliegen. Vor allem die letzten Attraktionen werden im »Snow Park« gebündelt angeboten, der zusätzlich mit einer Eishöhle und einer Kletterwand auskommt.

Pinguine im Ski Park

Eine Attraktion der besonderen Art sind die Pinguine im Ski Park. Besucher haben hier die Möglichkeit, den Kaiserpinguinen ganz nah zu kommen. Die Pinguinkolonie lebt in einem separaten Bereich innerhalb der Skihalle und verfügt über Salzwasserbecken, Höhlen und vieles mehr. Je nach gewähltem Ticket können Besucher die Tiere auf unterschiedliche Weise erleben. Neben dem reinen Beobachten besteht auch die Möglichkeit, die Pinguine zu füttern oder sogar mit ihnen zu schwimmen. Der Betreiber versichert zudem, dass das Wohl der Pinguine und der Forschungsaspekt stets im Vordergrund stehen. Die Tiere werden von einem speziell ausgebildeten Team betreut und gepflegt.

Preise

Der Ski Park bietet eine Vielzahl von Ticketpaketen an. Das klassische »Ski Ticket« gilt entweder für eine Dauer von zwei Stunden (220 AED) oder einen ganzen Tag (320 AED). Mit dem »Snow Park Ticket« (175 AED) erhält man Zugang zum Snow Park. Dieses Ticket kann auch um zusätzliche Abfahrten im Giant Ball und Mountain Thriller erweitert werden. Darüber hinaus gibt es separate Tickets für den Zugang zu den Pinguinen (ab 230 AED).

ⓘ **Skibekleidung**

Für einen Besuch in der Skihalle müssen Sie Ihre Koffer nicht mit entsprechender Kleidung füllen. Vor Ort erhalten Sie alle wichtigen Kleidungsstücke sowie die passenden Skier - alles im Ticketpreis inbegriffen.

Madinat Jumeirah

 Jumeirah Road  Mall of the Emirates (Red Line) - 2 km entfernt 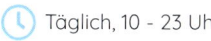 Täglich, 10 - 23 Uhr

 kostenlos

Diese weitläufige Anlage liegt unmittelbar zum Burj al Arab und umfasst mehrere Hotels, einen Souk sowie einen Strand- und Freizeitkomplex, die alle mit wunderschöner orientalischer Architektur aufwarten. Optisch ist der Komplex dem alten Viertel Bastakiya (S. 68) im Bezirk Bur Dubai nachempfunden, darunter zählen vor allem die Windtürme am Eingang. Der Souk befindet sich im östlichen Teil der Gesamtanlage und besticht durch seine Gänge und Geschäfte, die an einen traditionellen arabischen Basar erinnern. Zusätzlich ist der Markt von einigen Restaurants und Cafés umgeben. Die Anlage wird außerdem von einem weitverzweigten Kanal durchzogen, auf dem kleine Boote fahren und Besuchern so neue Perspektiven auf die Anlage ermöglichen. Die hübsche Garten- und Strandanlage bietet zudem immer wieder einen Blick auf das Burj al Arab. Insgesamt befinden sich auf dem Areal drei Hotels, ein Konferenzzentrum und das einzige Theater der Stadt.

UND SONST SO?

Majlis Ghorfat Umm Al Sheif

Eine kleine Oase inmitten der Stadt ist die ehemalige Sommerresidenz des Scheichs Rashid bin Saeed Al Maktoum. Der Scheich regierte das Emirat von 1912 bis 1958 und ließ 1955 eine Residenz neben einer Süßwasserquelle für die heißen Sommermonate errichten. Hier verbrachte der Scheich gemeinsam mit seiner Familie den Sommer. Nach aufwendigen Renovierungsarbeiten wurde das Haus in ein Museum umgewandelt, das nun einen historischen Einblick in das Leben des Scheichs ermöglicht. Dabei können die Besucher das schlicht gehaltene Haus sowie die weitläufige Parkanlage besichtigen. Die dort vorhandenen Bewässerungskanäle sind original erhalten und noch voll funktionsfähig. **Wo: Al Mehemal Street 9 | Nahe Business Bay (Red Line) | So - Do, 7:30 - 14:30 Uhr | Fr & Sa geschlossen** 📍35

Mercato Mall

Ein bisschen Italien darf auch in Dubai nicht fehlen - das dachten sich zumindest die Betreiber der Mercato Mall. Obwohl in Größe und Umfang nicht mit den »Superlativen« anderer Einkaufszentren der Stadt vergleichbar, weiß die Mall mit ihrem stilsicheren Auftreten zu überzeugen. Ihr Alleinstellungsmerkmal ist nämlich das originelle Design im Erscheinungsbild einer kleinen italienischen

Majilis Ghorfat Umm Al Sheif

Mercato Mall

Stadt. Wie eine Piazza ist das Einkaufszentrum angelegt, das mit ausladenden Wandgemälden, typisch italienischen Säulengängen und pittoresk anmutenden Häuserfassaden aufwartet. Überspannt wird die Mall von einer großen Glaskuppel, die viel Tageslicht zulässt. Einige Restaurants und Cafés liegen zudem direkt an der Piazza. Optisch akkurat in Szene gesetzt, fühlt man sich bei einem Cappuccino fast ein wenig nach Italien versetzt. **Wo: Jumeirah Road | Nahe Financial Centre (Red Line) | Täglich, 10 - 22 Uhr** 📍 36

Mall of the Emirates

Die Mall of the Emirates ist nach der Dubai Mall das größte Einkaufszentrum der Stadt. Eröff-net im Jahr 2005, bietet die Mall ihren Besuchern eine Einkaufsfläche von über 223.000 m². Neben den bekannten Luxuslabels ist hier auch ein großes Lebensmittel- und Haushaltsgeschäft untergebracht. Zusätzlich dürfen natürlich auch die unterschiedlichen Restaurants und Cafés nicht fehlen. Im Vergleich zur Dubai Mall (S. 48) bietet die Mall of the Emirates jedoch weniger zusätzliche Attraktionen neben den eigentlichen Einkaufsmöglichkeiten. Dennoch befinden sich direkt neben der Mall das Ski Dubai (S. 119) sowie ein Kino mit bis zu 40 Sälen. **Wo: Al Barsha 1 | Mall of the Emirates (Red Line) | So - Mi, 10 - 22 Uhr und Do - Sa, 10 - 00 Uhr** 📍 37

DUBAI

DEIRA

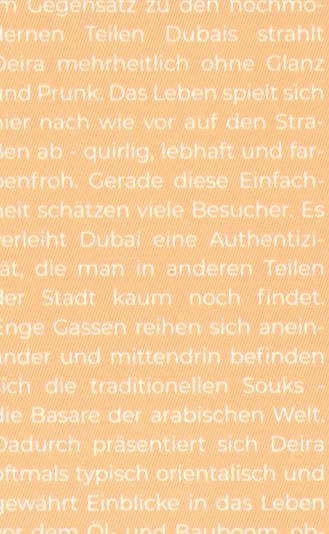

Im Gegensatz zu den hochmodernen Teilen Dubais strahlt Deira mehrheitlich ohne Glanz und Prunk. Das Leben spielt sich hier nach wie vor auf den Straßen ab - quirlig, lebhaft und farbenfroh. Gerade diese Einfachheit schätzen viele Besucher. Es verleiht Dubai eine Authentizität, die man in anderen Teilen der Stadt kaum noch findet. Enge Gassen reihen sich aneinander und mittendrin befinden sich die traditionellen Souks - die Basare der arabischen Welt. Dadurch präsentiert sich Deira oftmals typisch orientalisch und gewährt Einblicke in das Leben vor dem Öl- und Bauboom, obgleich immer neue Hochhäuser entstehen. Trotz der stetigen Modernisierung bleibt dieser Stadtteil weiterhin ein wichtiger Umschlagplatz für die Transportboote. Die hölzernen Dhaus werden nach wie vor ausschließlich mit der Muskelkraft ihrer eigenen Crew beladen.

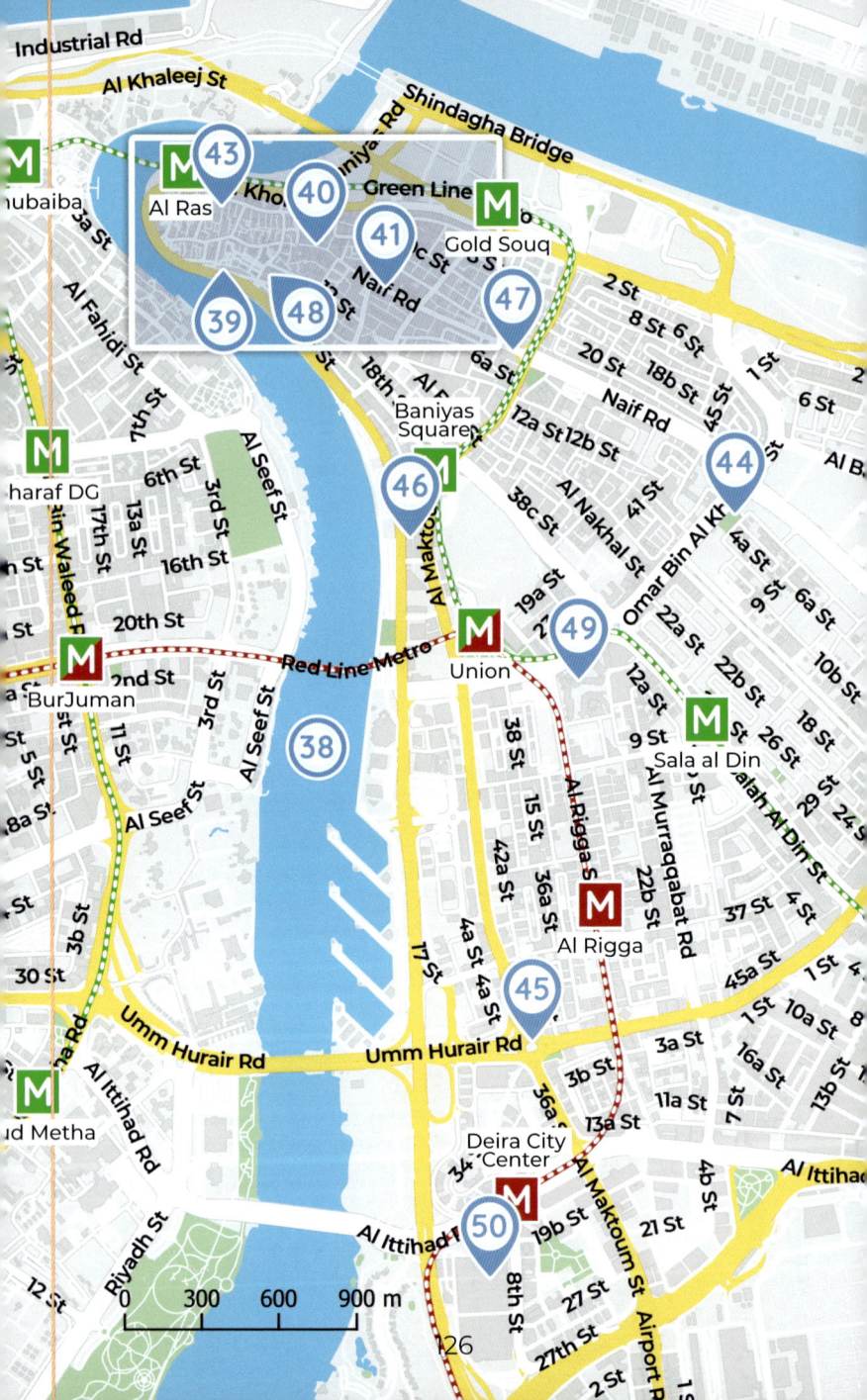

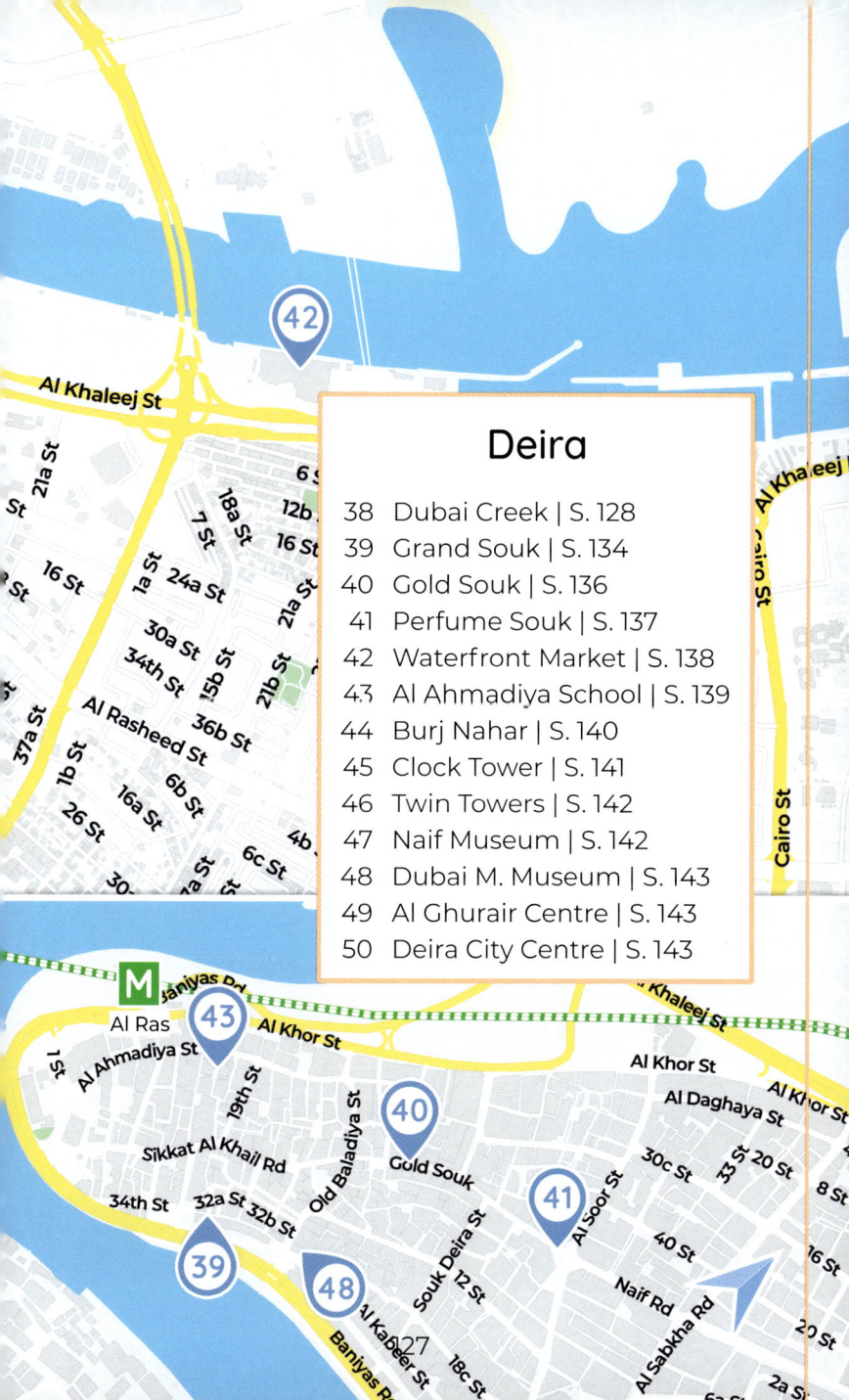

Deira

Die Lebensader der Stadt

Dubai Creek

 Dubai Creek |  Stationen Ras bis Union (Green Line)

Damals wie heute ist der Dubai Creek für viele Einwohner der zentrale Mittelpunkt der Stadt. Bereits die ersten Siedler ließen sich Anfang des 19. Jahrhunderts entlang seines Ufers nieder, in der Hoffnung auf eine bessere Zukunft. Dass dies den Anfang eines rasanten Wachstums, hin zu einer der fortschrittlichsten Städte der Welt markierte, ahnte früher zweifellos niemand.

Dubais Anfänge

Den ruhigen Wasserverlauf des Dubai Creeks nutzten die Siedler, um sicher auf das offene Meer hinauszufahren. Anfangs konzentrierte sich ihre Aktivität hauptsächlich auf den Fischfang, aber mit der Entdeckung der Perlen erlebte die kleine Siedlung einen rasanten Aufschwung. Das Leben der Menschen spielte sich damals ausschließlich entlang des Creeks ab, weshalb sie ihre Häuser und Arbeitsstätten in unmittelbarer Nähe des Ufers errichteten. Mit der fortschreitenden Besiedlung des Küstenbereichs entwickelte sich zudem ein wachsender Seehandel in der Region, da der Creek den Aufbau eines zuverlässigen Hafens ermöglichte.

Blick auf den nördlichen Abschnitt des Creeks

Bis heute sind zahlreiche »Dhaus« auf dem Creek unterwegs, deren Besatzungen die Waren mit mühevoller Handarbeit auf- und entladen.

Creek heute

In der heutigen Zeit markiert der Creek eine natürliche Grenze zwischen dem ursprünglichen Stadtteil Deira und dem modernen Dubai. Diese Entwicklung hat jedoch dem Leben und Arbeiten entlang des Creeks keinen Abbruch getan. Im Gegensatz zu den neueren und etwas sterilen Vierteln wie Bur Dubai und Downtown Dubai, in denen kaum noch Menschen zu Fuß unterwegs sind, sind die Straßen entlang des Meeresarmes und in Deira stets belebt. Hier gibt es immer etwas Neues zu entdecken, auch abseits der traditionellen Souks. Beim Erkunden dieses Stadtteils kann man schnell den Eindruck gewinnen, sich in einer völlig anderen Stadt zu befinden. Das Leben und Arbeiten hier sind einfacher, aber auch rauer. Die Wohnhäuser entsprechen nicht europäischen Standards und viele Gastarbeiter teilen sich in den engen Wohnraum. Doch das Bild ändert sich allmählich und immer öfter tauchen moderne Hochhäuser hinter der nächsten Ecke auf. Die Nähe zum Flughafen macht Deira besonders attraktiv für

EINGE SCHO BEN

Künstliche Verlängerung

Der natürlich entstandene Wasserarm führte ursprünglich von der Küste ins Landesinnere und bahnte sich dort einen 14 Kilometer langen Weg durch die Wüste. Bis heute trennt er die Stadtteile Deira und Bur Dubai. Erst vor wenigen Jahren führten umfangreiche Baumaßnahmen zu einer künstlichen Verlängerung des Creeks, so dass dieser seit kurzem weiter südlich erneut in das Meer mündet. Der Creek ist damit auf eine Gesamtlänge von rund 24 Kilometern angewachsen. Der neu entstandene »Water Canal« (S. 54) ist wasserseitig mithilfe von Fähren erkundbar.

Hotelketten, die sich hier ansiedeln möchten. Ein Blick auf das Ufer des Creeks verdeutlicht die rasante Veränderung des Viertels. Die meisten alten Häuser mussten bereits modernen Luxusgebäuden weichen, in denen ansprechende Apartments oder Büros entstanden sind. Dennoch wird es wohl noch einige Jahre dauern, bis das heutige Stadtbild vollständig ausgetauscht ist. Aus diesem Grund ist der Creek und seine unmittelbare Umgebung für viele Besucher einer der Höhepunkte einer Reise nach Dubai, da hier noch das normale Stadtleben zu finden ist. Die verwinkelten Straßen und die alten Häuser verleihen zusammen mit dem Creek einen einzigartigen Charme. Vielleicht ist es auch der Kontrast zwischen Moderne und Tradition, der den besonderen Reiz Dubais ausmacht.

Überfahrt

Ein besonderes Erlebnis bietet die Überfahrt mit einem traditionellen Wassertaxi, einem sogenannten »Abra«. Diese oft altertümlich wirkenden Boote ver-

💡 Dhau

Das wichtigste Seetransportmittel in der Region, damals wie heute, ist die traditionelle hölzerne »Dhau«. Bereits vor 2000 Jahren konnten mit dieser Schiffsklasse bedeutende Handelsgüter entlang der Küsten des Arabischen Meeres in großen Mengen transportiert werden. Die Handelsrouten erstreckten sich bis nach Indien und vereinzelt sogar bis ins ferne China. Obwohl der heutige Seehandel von modernen Containerschiffen dominiert wird, spielen die Dhaus nach wie vor eine maßgebliche Rolle in der Region. Insbesondere der Iran und Pakistan, die beide internationalen Handelsbeschränkungen unterliegen, profitieren stark vom regionalen Seehandel. Obwohl dieser Handel eigentlich nicht erlaubt ist, toleriert Dubai diese Aktivitäten. So werden die Dhaus regelmäßig mit Gütern wie Reifen, Kühlschränken, Klimaanlagen oder Plasma-TVs beladen und fahren dann in die entsprechenden Länder. Von dort aus werden vor allem Gewürze, Schmuck und weitere Ressourcen für die Rückfahrt an Bord genommen, die anschließend über die Grenzen des Emirats hinaus weiterverkauft werden. Auch in technischer Hinsicht unterscheiden sich die »modernen« Dhaus nur wenig von ihren Vorgängern. Obwohl sie heute mit Motoren ausgestattet sind, gelten die Schiffe technisch als veraltet. Auch die Verladung der Waren erfolgt nach wie vor durch körperliche Arbeit, ohne den Einsatz von Maschinen oder Kränen. Die beladenen Dhaus wirken entsprechend abenteuerlich, sobald sie Kurs auf den Persischen Golf nehmen.

Abras - die Wassertaxis vom Creek

kehren regelmäßig über den Creek und bedienen verschiedene Haltestellen. Das Auffinden der richtigen Linie ist heutzutage einfacher als je zuvor. Große Tafeln an den Anlegestellen zeigen die Richtung der Abra an. Aktuell gibt es auf beiden Uferseiten zwei Haltestellen (blau), die direkt zur gegenüberliegenden Seite fahren. Die anderen Stationen (rot) fahren dagegen weiter entfernte Haltestellen an und werden darüber hinaus auch von größeren Fähren genutzt. Sobald man einen freien Platz gefunden hat, zahlt man dem Fahrer den Fahrpreis von einem Dirham. Die Zahlung erfolgt in bar.

Arabischer Markt mit unzähligen Geschäften

Grand Souk

 Al Abra Street 29 |  Ras (Green Line) | 🕐 Sa - Do, 10 - 13 Uhr + 16 - 22 Uhr | Fr, 16 - 22 Uhr

 kostenlos

Der Dubai Grand Souk, auch bekannt als Spice Souk, ist der größte und gleichzeitig einer der ältesten Basare der Stadt. Seinen Beinamen verdankt der Souk der nahezu endlosen Auswahl an Gewürzen (englisch: spices) und Nüssen, die an jedem Stand angeboten werden. Die kleinen Geschäfte sind in der Regel bis zur Decke mit Waren gefüllt, während die Händler vor den Türen auf ihre Kunden warten. Besonders imposant sind die großen Gewürzkübel, die neben klassischen Varianten wie Pfeffer oder Kümmel auch viele unbekannte Gewürze lagern. Da die Qualität eine entscheidende Rolle beim Preis spielt, werden alle Gewürze zum Probieren angeboten. Zusätzlich können im Souk Haushaltsgegenstände wie Teppiche, Lampen oder Geschirr erworben werden. Nach Auswahl eines Produktes hängt der endgültige Kaufpreis vom eigenen Verhandlungsgeschick ab - feste Preise gibt es hier nämlich nicht. Aus diesem Grund setzen die Händler das Startgebot oft zu hoch an. Erst nach einigen Verhandlungsrunden nähert man sich einem optimalen Betrag an und das Geschäft wird besiegelt. Ohne Verhandlungen wird man dagegen fast immer einen schlechten Deal machen - vor allem als Tourist.

ⓘ Achtung Zoll

Bitte beachten Sie, dass nicht alle Lebensmittel, wie Gewürze, Früchte oder Nüsse, problemlos aus dem arabischen Raum nach Europa eingeführt werden dürfen. Bei Unsicherheiten sollten Sie sich deshalb unbedingt im Vorfeld über die Einreisebedingungen informieren.

 40

Gold Souk

 Gold Souq bei Souk Deira Street | Nahe Ras (Green Line) | Sa - Do, 10 - 22 Uhr Fr, 16 - 22 Uhr

kostenlos

Der Gold Souk ist zweifelsohne der berühmteste Souk in Dubai. Die faszinierende Brillanz des Goldes hat schon immer die Menschen in ihren Bann gezogen und eine vielfältige Handwerkstradition hervorgebracht. In den einzelnen Geschäften und Schaufenstern hängt eine schier unendliche Menge an Gold- und Silberschmuck. Den Goldschmieden scheint dabei keine Grenze in ihrer Kreativität gesetzt zu sein. Neben klassischen Ringen und Ketten findet man hier auch übergroße Goldcolliers, die gerne im arabischen Raum bei festlichen Anlässen getragen werden. Besonders exklusiv ist der Schmuck, der mit kostbaren Edelsteinen besetzt ist und ebenfalls vielfältig dargeboten wird. Bei der breiten Auswahl liegt die Entscheidung letztendlich beim persönlichen Geschmack, häufig jedoch auch beim gesetzten Preislimit.

! Vorsicht Fälschungen

Im und rund um den Gold Souk werden Sie häufig von fliegenden Händlern angesprochen, die Ihnen Schmuck oder Uhren zu unglaublich günstigen Preisen anbieten wollen. Bei diesen Produkten handelt es sich grundsätzlich um Fälschungen. Um die Qualität sicherzustellen, empfiehlt es sich daher, nur in den offiziellen Geschäften einzukaufen.

Perfume Souk

 Al Soor Street  Nahe Ras (Green Line)  Täglich geöffnet

 kostenlos

Der Duft eines Menschen spielt seit jeher eine bedeutende Rolle im sozialen Miteinander, sowohl in Europa als auch im Orient. Diese Erfahrung kann man im Parfüm Souk in Dubai machen, obwohl der Begriff »Souk« in diesem Fall nicht ganz korrekt ist. Anders als in einem abgegrenzten Marktbereich handelt es sich beim Parfüm Souk vielmehr um eine Ansammlung einzelner Parfümgeschäfte entlang der Al Soor Street. In diesen Geschäften kann man eine Vielzahl unterschiedlicher Düfte entdecken, viele davon ungewöhnlich intensiv. Angeboten werden dabei Düfte für Frauen und Männer. Alternativ bieten einige Händler auch die Möglichkeit, einen individuellen Duft zusammenstellen zu lassen.

ⓘ Verschlossene Flaschen

Seien Sie vorsichtig vor betrügerischen Anbietern. Es ist ratsam, sich stets persönlich von der Qualität der Düfte zu überzeugen und keine fest verschlossenen Flakons zu kaufen. Bei solchen Produkten besteht keine Garantie dafür, dass es sich um ein hochwertiges Parfüm handelt, sondern im schlimmsten Fall nur um gefärbtes Wasser.

Waterfront Market

 Al Khaleej Road |  Palm Deira (Green Line) |  Ganztägig geöffnet

 kostenlos

Der Fischfang ist seit jeher eng mit der Geschichte Dubais verbunden - gilt dieser als einer der Hauptgründe für die Ansiedlung am Creek. Durch die natürliche Meeresbucht waren die Fischer vor den starken Wellen des Persischen Golfs geschützt und konnten jederzeit mit ihren Booten hinausfahren. Auch heute noch laufen täglich Dutzende Fischerboote in den Hafen von Dubai ein, um ihre frische Ware bestmöglich zu verkaufen. Früher versammelten sich Fischer und Händler regelmäßig in der traditionellen Fischhalle, um ihre Geschäfte zu tätigen. Nach 60 Jahren erfolgte jedoch der große Umzug in den modernen Waterfront Market, der nur etwa drei Kilometer vom alten Standort entfernt liegt. Die Tore der Halle öffnen täglich ab fünf Uhr morgens und bieten einen beeindruckenden Anblick

Obst- und Gemüsehalle

noch gut gefüllt. Die Vielfalt der exotischen Meerestiere reicht von winzig klein bis gigantisch groß und ist beeindruckend. Die neue Markthalle bringt eine Reihe von Vorteilen mit sich, darunter verbesserte Hygienevorschriften. Obwohl die Hygienestandards in der Vergangenheit bereits streng waren, bietet die voll klimatisierte Halle nun noch modernere Techniken zur Lagerung der Ware und zur allgemeinen Sauberkeit. Auch die Obst- und Gemüsehändler sind in die neue Halle umgezogen und bieten ein vielfältiges und exotisches Angebot. Abgerundet wird das Angebot durch Restaurants und einen Lebensmittelmarkt.

von Fischen und Meeresfrüchten. Die Einkäufer der Luxushotels und Restaurants feilschen gleich zu Beginn um die besten Stücke. Die Vielfalt an Fisch und der geschäftige Trubel in der Halle sind ein einzigartiges Erlebnis. Auch zu späteren Stunden sind die Verkaufsflächen

📍43

Al Ahmadiya School

 24 Al Ahmadiya Str.    Ras (Green Line)   🕐 So - Do, 8 - 19:30 Uhr
Fr, 14:30 - 19:30 Uhr

 kostenlos

Bildung hat in unserer heutigen globalisierten Zeit einen besonders hohen Stellenwert. Entsprechend großzügig ist die Förderung des Bildungssystems in den Vereinigten Arabischen Emiraten, weshalb der reguläre Schulbesuch für Emiratis grundsätzlich kostenlos ist. Die erste Schule in Dubai wurde bereits Anfang des 20. Jahrhunderts eröffnet, obwohl der Unterricht zu dieser Zeit noch gänzlich anders aussah als heute. Die Al Ahmadiya School wurde 1912 von einem wohlhabenden Kaufmann gegründet und bot ausschließlich erwachsenen Männern aus wohlhabenden Familien eine Ausbildungsmöglichkeit. Der Fokus des Unterrichts lag hauptsächlich auf der Lehre des Islams und der Auslegung des Korans. Bereits 1920

hatte die Schule mehr als 300 Schüler, weshalb sie erweitert werden musste. Eine weitere bedeutende Veränderung trat Mitte der 1950er Jahre mit dem Einfluss der Engländer ein. Unter ihrer Leitung wurden weitere Fächer wie Englisch und Naturwissenschaften eingeführt. Außerdem wurde die Schule für alle Bevölkerungsschichten geöffnet, so dass die Schülerzahl auf über 800 anstieg. Mit dem Bauboom und dem stetigen Wohlstandswachstum in Dubai wurden immer mehr neue und

moderne Schulen errichtet, mit deren Qualität die Al Ahmadiya School nicht mehr mithalten konnte. Dies führte schließlich zur Schließung der Schule. Trotzdem vergaß man nicht ihre besondere Bedeutung für Dubai, weshalb die Einrichtung ab 1997 als Museum of Education wiedereröffnet wurde. Die Klassenzimmer wurden nach Originalvorlagen gestaltet, um den Besuchern einen möglichst authentischen Eindruck von dem damaligen Unterricht zu vermitteln.

📍 44

Burj Nahar

 Omar Bin Al-Khattab Road    Nahe Salah Al Din (Green Line)

Um das historische Dubai vor möglichen Angriffen zu schützen, wurden neben dem Al Fahidi Fort (S. 66) und dem Naif Fort (S. 142) auch einzelne

Wach- und Wehrtürme errichtet. Einer der wenigen verbliebenen Türme ist der Burj Nahar. Im 19. Jahrhundert erbaut, wurde er in den letzten Jahren umfangreich renoviert und gewährt so einen kleinen Einblick in die Geschichte Dubais. Besonders interessant ist die Bauform des Turms, da er keinen Eingang aufweist. Die Soldaten mussten stattdessen mithilfe von Seilen den Turm von außen erklimmen. So war der Turm besonders gut gegen feindliche Eroberungen geschützt.

📍 45

Clock Tower

 Clock Tower Roundabout  Nahe Al Rigga (Red Line)

Der Clock Tower nahe dem Flughafen befindet sich Mittig des ersten Verkehrskreisels der Stadt und wurde als Geschenk des damaligen Scheichs von Katar, Ahmad bin Ali Al Thani, überreicht. Anfangs wusste man mit dem überdimensionalen Uhrenwerk wenig anzufangen, weshalb der österreichische Architekt Bulard beauftragt wurde, einen passenden Turm für die Uhr zu entwerfen. Seine Idee wurde schließlich im Jahr 1964 umgesetzt. Der fertige Turm mit der Uhr stand damals noch inmitten der Wüste außerhalb des eigentlichen Stadtgebiets und erhielt daher nur wenig Beachtung. Erst mit dem stetigen Wachstum Du-

bais wurde der Kreisverkehr ein fester Bestandteil der Stadt. Bei einer Inspektion des Turms in den 1970er Jahren stellte man fest, dass der Beton aufgrund der salzhaltigen Luft porös geworden war und der Turm einzustürzen drohte. Daraufhin wurde eine Renovierung der Struktur durchgeführt, bei der auch die Uhr selbst ausgetauscht wurde, da sie bereits irreparable Schäden aufwies.

UND SONST SO?

Twin Towers

Die Twin Towers stehen direkt am Creek und sind umgangssprachlich als »Rolex Towers« bekannt. Dieser Name geht auf den prominenten Rolex-Werbeschriftzug am oberen Ende der Türme zurück. Obwohl die beiden Gebäude mit einer Höhe von 102 Metern für Dubaier Verhältnisse nicht besonders hoch sind, fallen sie dennoch aufgrund ihrer markanten Glasfassade und ihrer exponierten Lage direkt am Creek ins Auge.

In den Türmen befinden sich hauptsächlich Privatwohnungen sowie ein kleines Einkaufszentrum. **Wo: 90 Baniyas Road | Baniyas Square (Green Line)** 📍46

Naif Museum

Die Gewährleistung der Sicherheit in der Stadt stellte in der Vergangenheit eine der größten Herausforderungen dar. Um dieser Herausforderung gerecht zu werden, wurde 1939 das Naif Fort errichtet, ein Kommandoposten der Streitkräfte, der als Vorläufer moderner Polizeistationen angesehen werden kann. Der Bau des Forts war Teil einer Reihe von Anordnungen von Scheich Raschid bin Said Al Maktoum, die die Sicherheit des Emirates betrafen. Die Briten führten dann das Konzept einer zeitgemäßen Polizei nach westlichen Standards ein, die für sicherheitsrelevante Aufgaben zuständig war. Heutzutage ist

Twin Towers

die Polizei in den VAE mit hochmoderner Technik ausgestattet und speziell geschult. Das Naif Fort wurde inzwischen renoviert und wird weiterhin von der Polizei genutzt. Der ehemalige Gefängnisturm wurde zu einem Museum umgebaut, in dem Besucher anhand von originalen Ausstellungsstücken die Geschichte der Polizei in Dubai erleben können. **Wo: Sikkat Al Khail Road | Baniyas Square St. (Green Line) | Mo - Fr, 8 - 15 Uhr | Fr, Sa, geschlossen** 📍 47

Dubai Municipality Museum

Das Dubai Municipality Museum veranschaulicht eindrucksvoll, wie sich die Stadtverwaltung in den letzten Jahrzehnten verändert hat. Das Museum befindet sich im Obergeschoss des heutigen Gebäudes, das bis Ende der 1950er Jahre als Sitz der Stadtverwaltung diente. Im Museum werden die Arbeit und die Entwicklung der Verwaltung mithilfe einer Vielzahl original erhaltener Dokumente und Bilder anschaulich dargestellt. **Wo: Old Baladiya Street | Nahe Ras (Green Line) | Mo - Do, 7:30 - 19 Uhr | Fr, 9 - 17 Uhr** 📍 48

Al Ghurair Centre

Das Al Ghurair Centre gilt als die erste moderne Mall im Nahen Osten. Die Mall wurde von der Al-Ghurair-Familie erbaut und galt als ein Meilenstein der modernen Verkaufsräume in Dubai. Im Jahr 2006 wurde die Mall erstmals komplett renoviert. 2013 beschloss man, sie um weitere Verkaufsflächen zu erweitern. Heute bietet die älteste Mall Dubais mit über 200 Geschäften eine vielfältige Auswahl an Einkaufsmöglichkeiten. Darüber hinaus gibt es in und um die Mall viele Restaurants, die orientalische und internationale Küche anbieten. **Wo: Omar Bin Al-Khattab Road | Union (Red-/ Green Line) | So - Mi, 10 - 22 Uhr und Do - Sa, 10 - 00 Uhr** 📍 49

Deira City Centre

Das Deira City Centre zählt zu den älteren »Mega-Malls« in Dubai. Gleichzeitig ist die Mall mit über 370 Geschäften auf bis zu drei Stockwerken eine der Größten im Bezirk Deira. Die Mall wurde im Jahr 1995 eröffnet und seitdem kontinuierlich erweitert und renoviert. Die jüngste große Renovierung begann im Jahr 2013 und zielte darauf ab, das Gastronomieangebot zu erweitern und eine bessere Anbindung an das Metronetz zu schaffen. Darüber hinaus bietet die Mall einen Kinokomplex und eine Bowlingbahn. **Wo: 451 Alltihad Street | Deira City Centre (Red Line) | Mo - Do, 10 - 22 Uhr | Fr - So, 10 - 00 Uhr** 📍 50

VOR STADT

Zwischen den dicht bebauten Stadtteilen Dubais und dem Beginn der weitläufigen Sandwüste Rub al-Chali verlaufen die Außenbezirke der Stadt. Die Landschaft ist hier oftmals bereits kahl und steppenartig, wird dann aber unvermittelt von grünen Oasen moderner Wohnsiedlungen unterbrochen. Gleichzeitig sind in den letzten Jahren einige Attraktionen entstanden, für die im Zentrum keine freien Bauflächen mehr vorhanden waren. Diese dezentrale Lage führt aktuell dazu, dass viele der Sehenswürdigkeiten nur spärlich besucht werden. Was die Betreiber ärgert, ist für den einzelnen Besucher ein lohnendes Ziel. Der stockende Ausbau der öffentlichen Verkehrsmittel in diesen Bezirken erfordert zudem die Anmietung eines Autos oder die Nutzung eines Taxis. Letzteres ist aufgrund der langen Wegstrecken keine kostengünstige Option.

Vorstadt

52

57

Al He...

Sheikh Zayed Rd (south)

Al Yalayis St

UAE Exchange

M

First Al Khail St

Al Asayel St

Al Asayel St

Sheikh Mohammed Bin Zayed Rd

M
Expo 2020

Expo Rd

Al Yalayis St

Hessa St

Hessa St

53

Sheikh

Al Qudra St

Emirates Rd

Expo Rd

0   5   10 km

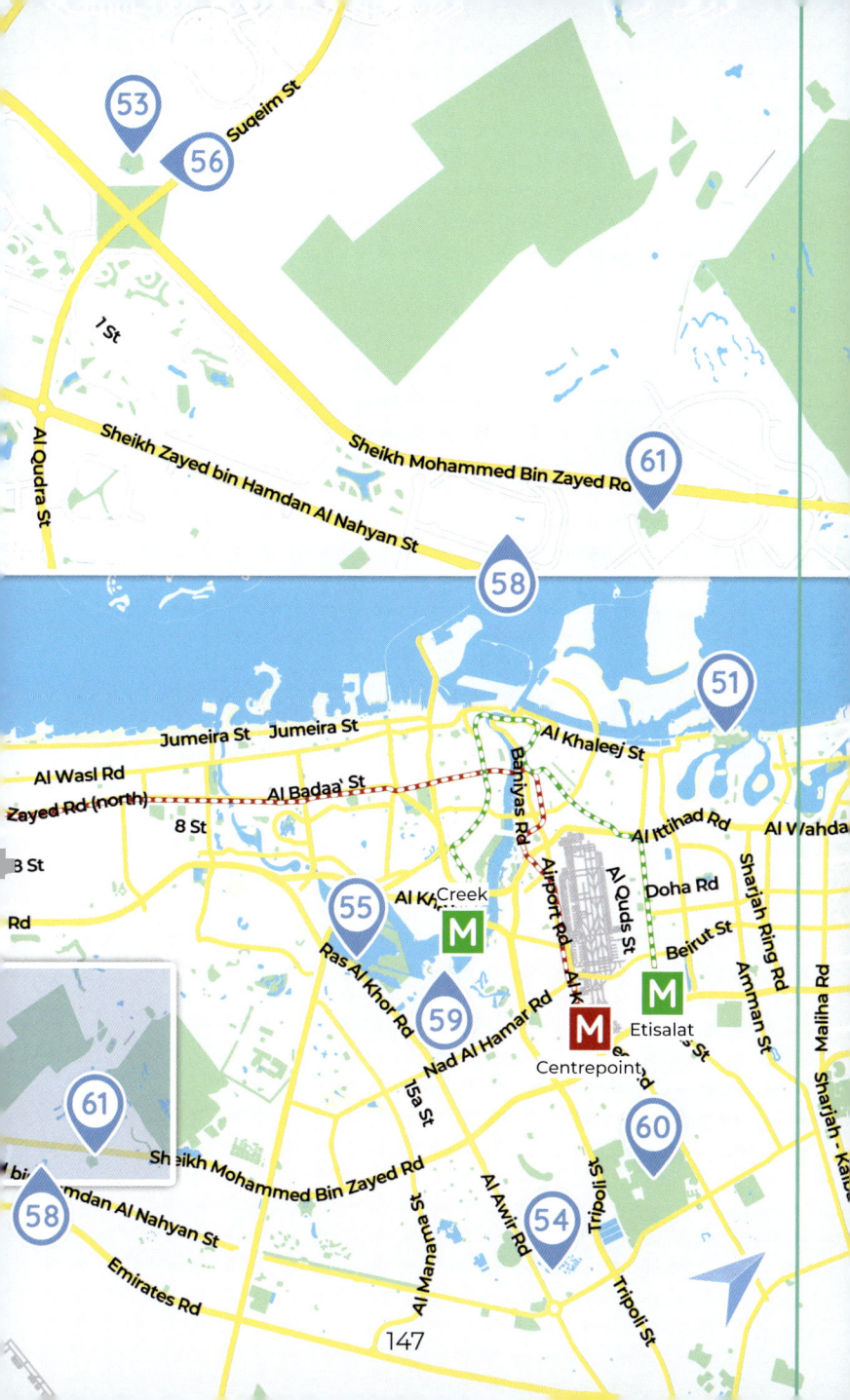

53

56

Suqeim St

1 St

Al Qudra St

Sheikh Zayed bin Hamdan Al Nahyan St

Sheikh Mohammed Bin Zayed Rd

61

58

51

Jumeira St

Jumeira St

Al Khaleej St

Al Wasl Rd

Al Badaa St

Baniyas Rd

Al Ittihad Rd

Al Wahda

Zayed Rd (north)

8 St

Al Quds St

Doha Rd

Sharjah Ring Rd

8 St

Al Kh

Creek

M

Airport Rd

Al K

Beirut St

M

Etisalat

Amman St

Malilha Rd

Sharjah - Kalb

Rd

55

Al Kh

Ras Al Khor Rd

59

Nad Al Hamar Rd

M

Centrepoint

61

58

Sheikh Mohammed Bin Zayed Rd

15a St

Al Manama St

Al Awir Rd

Tripoli St

60

54

bi

mdan Al Nahyan St

Emirates Rd

Tripoli St

Größter Strandpark in Dubai

Mamzar Beach Park

 130 Al Khaleej Road

 Mamzar (Bus C28)

 Täglich, 8 - 22 Uhr

Eintritt 5 AED
~ 1,30 €

Der größte Beach Park der Stadt befindet sich im nördlichen Stadtteil Mamzar. Hier gibt es gleich vier weitläufige Strandabschnitte, sodass auch an belebten Tagen jeder Badegast ausreichend Platz haben sollte. Jeder Abschnitt wird zusätzlich von Rettungsschwimmern überwacht und verfügt über sanitäre Anlagen, Süßwasserduschen und Umkleidekabinen. Auch die Qualität des Strandes und die des Wassers ist, wie fast überall an Dubais Küsten, sehr gut. Der Al Mamzar Beach Park ist jedoch mehr als nur ein gewöhnlicher Beach Club. Unter schattenspendenden Palmen gibt es ein Dutzend Grillplätze samt Sitzgelegenheiten, die kostenlos genutzt werden können - sofern noch einer der begehrten Plätze frei ist. Zusätzlich findet man im Park weitläufige Grünflächen und angenehme Palmenwege. Direkt hinter dem Haupteingang befindet sich außerdem ein großes Amphitheater, in dem vor allem am Abend verschiedene Shows präsentiert werden. Für exklusive Gäste bietet der Park auch private Chalets in unmittelbarer Nähe zum Strand an. Jedes Chalet ist komplett ausgestattet und verfügt über eine Küche, einen Wohnraum, ein Badezimmer, eine Terrasse und einen separaten Zugang zum Strand.

 Zutrittsbeschränkungen

Jeden Montag und Mittwoch ist der Zutritt zum Al Mamzar Beach Park nur Frauen und ihren Kindern gestattet.

Ein Resort - drei Themenparks

Dubai Parks & Resorts

 Sheikh Zayed Road

 nur Auto oder Taxi

 variiert stark nach Park und Jahreszeit

 ab 295 AED ~ 73,80 €

 www.dubaiparksan-dresorts.com/en

Getreu dem Motto »Mehr ist immer besser« entstand in der Nähe der Palmeninsel Jebel Ali ein Areal mit verschiedenen Freizeitparks. Auf einer Gesamtfläche von 450 Hektar sollten bis 2019 insgesamt vier Themenparks eröffnen. Realisiert wurden jedoch nur drei: das »Dubai Legoland« mit einem zusätzlichen Aquapark, der »Motiongate Park« und der »Bollywood Park«. Die Bauarbeiten am "Six Flags Park" wurden eingestellt. Zwischenzeitlich musste auch der Bollywood Park, der sich thematisch um die indische Filmwelt drehte, Anfang 2023 überraschend schließen. Da jeder Park unabhängig voneinander arbeitet, muss für den Zugang zu jedem Park separat Eintritt gezahlt werden. Zusätzlich zu den Themenparks bietet das Gelände das »Riverland Dubai«, eine in vier Zonen unterteilte Gastronomie- und Shoppingwelt. Der Besuch ist kostenlos und unabhängig von den Parks möglich.

ⓘ Resort erreichen

Aktuell ist die Metro noch nicht bis zu den Parks in Betrieb, daher ist es erforderlich, ein Taxi oder das Auto zu nutzen. Es stehen ausreichend kostenpflichtige Parkplätze zur Verfügung. Vom zentralen Parkplatz aus haben Sie die Möglichkeit, entweder zu Fuß zu den Parks zu gelangen oder bei längeren Strecken den Shuttle-Service zu nutzen.

Legoland Dubai

Das Legoland Dubai ist in zwei Bereiche aufgeteilt, für die jeweils separate Eintrittskarten erforderlich sind. Neben dem klassischen Legoland mit dem Miniland und verschiedenen Themenbereichen gibt es den Legoland Water Park. Beide Bereiche sind miteinander verbunden, sodass ein Wechsel zwischen ihnen mit einem Kombiticket problemlos möglich ist. Im Mittelpunkt des klassischen Legolands steht das überdachte und klimatisierte Miniland, das eine Vielzahl an detailgetreuen Lego-Nachbildungen bietet, darunter die Skyline von Dubai und die Pyramiden von Gizeh. Obwohl die Halle etwas steril wirken kann, sind die Gebäude sehr präzise nachgebaut und teilweise von beeindruckender

Größe. Die anderen Themenbereiche sind ebenfalls liebevoll gestaltet und bieten zahlreiche Attraktionen. Dabei richten sich die Attraktionen, aber auch der Wasserpark, insgesamt eher an ein jüngeres Publikum. Im Vergleich zum Wild Wadi Waterpark (S. 91) oder dem Aquaventure Waterpark (S. 111), die hauptsächlich ein erwachsenes Publikum ansprechen, bietet der Legoland Aquapark viele Attraktionen, die speziell auf Kleinkinder zugeschnitten sind.

Motiongate Park

In diesem Park dreht sich alles um die Filmwelt. DreamWorks, Columbia Pictures, Lionsgate und weitere Studios präsentieren in jeweils separaten Arealen ihre berühmtesten Werke. In Kombination mit über 27 Fahrgeschäften und fünf Achterbahnen bietet der Park ein aufregendes Erlebnis für Kinder sowie junggebliebene Erwachsene. Den größten Bereich des Parks umfasst die Halle von DreamWorks, die mit »Drachenzähmen leicht gemacht«, »Kong Fu Panda«, »Madagascar« und »Shrek« fast eine Hand voll der populärsten Animationsfilme unter einem Dach vereint. Obwohl einige Attraktionen im Vergleich zu den liebevoll animierten Filmen etwas statisch wirken, mindert dies den Gesamtspaß kaum.

📍53
Miracle Garden

 Al Barsha South 3 | Miracle Garden (Bus 105) | 🕐 Mo - Fr, 9 - 21 Uhr
Sa, So, 9 - 23 Uhr

🎫 75 AED
~ 18,70 € | ⌨ www.dubaimiracle-garden.com

Ein bezauberndes Juwel der Blumenpracht erwartet Besucher südlich von Jumeirah. Der Dubai Miracle Garden, der als größter Blumengarten der Welt gilt, beherbergt mehr als 45 Millionen Blüten, die auf beeindruckende Weise zu faszinierenden Objekten und Skulpturen arrangiert sind. Von Tieren über Flugzeuge und Autos bis hin zu einer Modellversion des Burj Khalifa - all diese Elemente bilden das Grundgerüst für ein fantastisches Spektakel aus Blüten. An jeder Ecke erwartet Besuchern ein neues Blütenmeer, das Jung und Alt gleichermaßen in seinen Bann zieht. Obwohl es an einigen Stellen fast schon übertrieben bunt erscheinen mag, ist ein Besuch allein wegen der vielfältigen und bezaubernden Blütenskulpturen mehr als lohnenswert. Dabei gilt aber zu beachten, dass der Blumengarten nur während der kühleren Winterzeit geöffnet ist - bis Ende April.

Die arabische Tierwelt zum Greifen nah

Safari Park

 Ras Al Khor Road |  nur Auto oder Taxi |  Mo - Do, 9 - 22 Uhr | Sa - So, 9 - 00 Uhr | geschlossen 17 - 18 Uhr

🎫 ab 50 AED ~ 12,50 € | ⌨ www.dubaisafari.ae

Bereits die alten Ägypter waren begeistert von der Zurschaustellung exotischer Tiere. Darauf deuten archäologische Ausgrabungen von tierischen Versteinerungen und Gebäudekomplexen, die auf eine frühe Form der Menagerie schließen. Diese Faszination ist bis heute ungebrochen, und auch Dubai hat es sich nicht nehmen lassen, einen modernen Safaripark in die Wüste zu bauen. Im äußersten Stadtgebiet, kurz vor dem Beginn der Wüste, erstreckt sich das weitläufige Gelände des Dubai Safari Parks. Thematisch ist die Anlage in fünf Areale unterteilt: Arabische Wüste, Afrika, Asien, Explorer Village und einen Kidsbereich. Dank des modernen Designs der Parkanlage leben die Tiere in vergleichsweise authentischen und artgerechten Gehegen - ein positiver Aspekt, der in vielen älteren Tierparks noch nicht vorherrscht. Derzeit beheimatet das 119 Hektar große Gelände etwa 3.000 Tiere. Je nach thematischer Zuordnung können Besucher Antilopen, Kamele, Affen, Löwen und Elefanten entdecken. Um das Safari-Erlebnis noch stärker zu betonen, gibt es das Explorer Village, das ausschließlich mit einem Safari-Bus erkundet werden kann. Entlang

der Wege durchstreifen Krokodile, Flusspferde und Nashörner
das dichte Pflanzendickicht. Leider ist diese Fahrt nicht im
Standardticket enthalten, ebenso wie der Parkzug, der die oft
langen (und unter der arabischen Sonne manchmal hei-
ßen) Strecken zwischen den
verschiedenen Bereichen ver-
kürzt. Daher empfiehlt es sich,
ein Ticket der Kategorie »Safari
Journey Package (Plus)« zu erwerben. Die verschiedenen
Live-Shows sind jedoch in allen
Ticketpreisen enthalten.

Wildlife Sanctuary

📍 55
Wildlife Sanctuary

 Oud Metha Road (höhe
Emarat Tankstelle)

 Petrol Station (Bus
61, 61D, 66, 67, E16)

 kostenlos

🕐 Täglich, 7:30 -
17:30 Uhr

Ein eher untypischer Ausflug für
Dubai-Verhältnisse ist der Besuch des Ras Al Khor Wildlife
Sanctuary, einem Naturschutzgebiet in der Nähe des Stadtzentrums. Auf einer Fläche von
350 Hektar leben hier mehr als
250 verschiedene Tierarten. Daneben ist das Reservat auch ein
wichtiger Anlaufpunkt für Zug-
vögel, die hier ihren Winterauf-
enthalt verbringen. Das Ökosystem innerhalb des Reservats ist
überraschend vielfältig und umfasst Seenlandschaften, Man-
grovenfeuchtgebiete und Watt-
flächen. Mithilfe dreier Aus-

sichtstürme haben Besucher
die Möglichkeit, das Gebiet aus
verschiedenen Blickwinkeln zu
überblicken. Dort finden sie
auch informative Materialien
über das Naturschutzgebiet sowie kostenfreie Ferngläser, um
die Tiere noch besser beobachten zu können. Ein besonderer
Höhepunkt im Reservat ist das
Beobachten der Flamingos, die
vor allem in den Wintermonaten in großer Zahl hierherkom-
men und das Gebiet als Winter-
quartier nutzen.

UND SONST SO?

Butterfly Garden

In unmittelbarer Nähe zum Miracle Garden (S. 152) befindet sich eine weitere Attraktion: Der Dubai Butterfly Garden. Mit seinen zehn verschiedenen Gewächshäusern bietet der Garten ein einzigartiges Eintauchen in die Welt der Schmetterlinge. In der tropischen Umgebung leben etwa 50 verschiedene Arten. Die liebevoll gestalteten Gärten laden nicht nur zum Entdecken der Schmetterlinge ein, sondern auch zum Betrachten der vielen Blumen und anderer Tiere. Der Eintritt in den Dubai Butterfly Garden ist separat zu bezahlen. **Wo: Al Barsha South 3 | Miracle Garden (Bus 105) | Täglich, 9 - 18 Uhr, 55 AED ~ 13,80 €** 📍 56

IBN Battuta Mall

IBN Battuta Mall

In der IBN Battuta Mall im Stadtviertel Jebel Ali wird Einkaufen wahrlich zum Erlebnis. Die große Mall ist in sechs verschiedene Themenwelten unterteilt, die alle aufwendig gestaltet sind. Hier können Besucher in die eindrucksvolle Welt Indiens eintauchen oder die kunstvollen Verzierungen an Wänden und Säulen in Ägypten bewundern. Weitere Themenwelten umfassen China, Persien, Tunesien und Andalusien. Die vielfältigen Eindrücke machen den Einkauf dabei zur reinen Nebensache. **Wo: Sheikh Zayed Road | Interchange 5 | Ibn Battuta (Red Line) | So - Do, 10 - 22 Uhr | Fr, Sa, 10 - 00 Uhr** 📍 57

Butterfly Garden

Global Village

Außerhalb des Stadtzentrums findet einmal im Jahr das Global Village statt, einer der ältesten Jahrmärkte in den Vereinigten Arabischen Emiraten. Der Jahrmarkt wurde erstmals im Jahr 1966 eröffnet und 2005 an seinen heutigen Standort verlegt. Sowohl Touristen als auch Emiratis schätzen dieses Event als beliebten Treffpunkt. Besonders beeindruckend ist die Größe des Global Villages, das sich auf einer Fläche von mehr als 160 Hektar erstreckt. Dies unter-

tieren verschiedene Pavillons ausländische Nationen mit ihren landestypischen Speisen und Handwerksarbeiten. Das Global Village findet jedes Jahr in den Wintermonaten statt. **Wo: E311 - Exit 37 | Nur mit dem Auto erreichbar | November - April | So - Mi, 16 - 00 Uhr | Do - Sa, 16 - 1 Uhr** 58

Dubai Creek Harbour

Ein äußerst ambitioniertes Projekt entsteht derzeit südlich des Stadtzentrums und in unmittelbarer Nähe des Creeks. Das

Global Village

scheidet es deutlich von den üblichen Volksfesten in Europa. Die Themenflächen und Attraktionen sind dementsprechend bunt und vielfältig. Hier gibt es Shows, Konzerte, Fahrgeschäfte, Restaurants und Einkaufsmöglichkeiten. Zudem präsen-

neue Areal soll deutlich größer ausfallen als Downtown Dubai und zahlreiche Hotel- und Gastronomieflächen bieten. Den Höhepunkt des neuen Areals bildet dabei der »Dubai Creek Tower«. Dieses nadelförmige Gebäude, das in Sichtweite des

Burj Khalifa liegt, soll das derzeit höchste Gebäude der Welt um weitere 150 Meter überragen und mit seiner Aussichtsplattform neue Maßstäbe setzen. Obwohl das gesamte Areal, einschließlich des Turms, ursprünglich zur Expo 2020 feierlich eröffnet werden sollte, ist die Fertigstellung noch in weiter Ferne. Bislang ist lediglich der Hafenbereich fertiggestellt, der bereits jetzt einen atemberaubenden Blick auf das Stadtzentrum bietet. Die Bauarbeiten am Turm werden voraussichtlich nicht vor 2024 abgeschlossen sein. **Wo: Dubai Creek Harbour | nur Auto** 📍 59

Mushrif Park

Der Mushrif National Park ist der größte Park in Dubai. Das Parkgebiet umfasst beeindruckende 525 Hektar, was etwa der Größe von 735 Fußballfeldern entspricht. Der Park wurde am 2. Dezember 1989, dem 18. Nationalfeiertag der VAE, eröffnet. Zu dieser Zeit erstreckte sich das Parkgelände noch über eine Fläche von 125 Hektar, die jedoch in mehreren Phasen erweitert wurde. Neben den traditionellen Parkelementen wie Grünflächen, Grillplätzen und Beeten bietet der Park verschiedene Attraktionen, wenn auch nicht so spektakulär wie in einigen neueren Parks im Zentrum. Sport- und Spielmöglichkeiten sowie mehrere Schwimmbecken, in denen auch Schwimmunterricht angeboten wird, stehen den Besuchern zur Verfügung. Darüber hinaus gibt es ein »International Village«, in dem Modellhäuser aus verschiedenen Ländern präsentiert werden und die unterschiedli-

sonders die Superhelden aus dem Marvel-Franchise rufen bei vielen die größte Begeisterung hervor. Die anderen Bereiche widmen sich dem Cartoon Network, der Dinosaurierwelt »Lost Valley« und dem Gastronomiebereich »IMG Boulevard«. Zu den Höhepunkten der insgesamt zwanzig Fahrgeschäfte zählen drei Achterbahnen, von denen eine auch außerhalb der Halle ihre Runden dreht. Mehrere Dark-Rides, Karussells und sogar ein begehbares Spukhotel ergänzen das Angebot. Viele der Attraktionen richten sich jedoch nicht an jüngere Kinder .**Wo: D54 | nur mit dem Auto | Mo - Do, 12 - 22 Uhr | Fr - So, 12 - 23 Uhr | ab 335 AED ~ 83,80 €** 📍 61

chen Baustile der jeweiligen Nationen zeigen. Besonders beliebt bei Kindern sind das Kamelreiten und der kleine Tierpark. Im gesamten Parkgebiet gibt es zudem zahlreiche Vogelvolieren. **Wo: Al Khawaneej St. | Mushrif Park 1 (Bus 11) | So - Mi, 8 - 22 Uhr und Do - Sa, 8 - 23 Uhr** 📍 60

IMG Worlds of Adventure

Einen weiteren Weltrekord sicherte sich Dubai mit der Eröffnung der »IMG Worlds of Adventure«. Geschützt vor Wind und Wetter bietet der Indoor-Freizeitpark eine bunte Palette an Attraktionen und das auf einer gigantischen Fläche von 14 Hektar - Weltrekord. Der Park ist in vier Themenwelten unterteilt, von denen jede mit verschiedenen Fahrgeschäften und passender Kulisse aufwartet. Be-

Mushrif Park

DUBAI
RUB AL-CHALI

Rub al-Chali

Von ihrer Schönheit und Anmut bekommt man in der Stadt kaum etwas mit, doch die Rub al-Chali Sandwüste spielt auch heute noch eine bedeutende Rolle für die Emiratis. Lange bevor die ersten Häuser am Creek errichtet wurden, lebten Beduinen entlang der Wüste und zogen mit Karawanen von einem Ort zum nächsten. Auch heute noch ist die Wüste weitgehend unbesiedelt, obgleich sie in Zukunft an große Bedeutung gewinnen wird. Seit einigen Jahrzehnten gibt es bereits verschiedene Projekte, die darauf abzielen, die Wüste wirtschaft-

Rub al-Chali

Die Rub al-Chali Wüste, auch bekannt als Empty Quarter, ist die größte Sandwüste der Welt. Sie erstreckt sich über eine Fläche von über 780.000 Quadratkilometern, was etwa der doppelten Größe Deutschlands entspricht, und bedeckt einen Großteil der arabischen Halbinsel. Die markantesten Merkmale der Wüste sind die beeindruckenden Sanddünen, die sich an vielen Stellen bis zu 300 Meter hoch auftürmen. Tagsüber können die Temperaturen in der Wüste auf bis zu 60 Grad Celsius ansteigen, während sie in den Nachtstunden bis zum Gefrierpunkt fallen. Trotz der extremen Bedingungen beherbergt die Wüste eine Vielzahl von kleinen Lebewesen wie Nagetiere und Spinnen. Auch einige wenige Pflanzenarten haben sich dem heißen und trockenen Wüstenklima angepasst und überleben in den sandigen Böden. Noch heute ist die Wüste größtenteils unerforscht, da die Arbeitsbedingungen in dieser Umgebung äußerst anspruchsvoll sind. Sogar die verbliebenen Beduinen meiden viele Teile der Wüste und durchqueren sie hauptsächlich entlang der Ränder oder auf bekannten Routen.

lich nutzbar zu machen. Dazu gehören sowohl Projekte zum Anbau von Nutzpflanzen als auch zur Gewinnung von Strom. Diese Vorhaben mögen ambitioniert klingen, doch für die VAE lohnt sich der Aufwand. Durch die Begrünung der Wüste könnte das Land fruchtbar gemacht werden, sodass zukünftig vermehrt Nahrungsmittel selbst angepflanzt und geerntet werden könnten. Derzeit sind die VAE in diesem Bereich fast vollständig auf den Import aus anderen Ländern angewiesen. Auch das Thema Energieversorgung wird weiter an Bedeutung gewinnen. Angesichts des abnehmenden Einsatzes fossiler Brennstoffe, die einst den Wohlstand der VAE begründeten, wird die potenzielle Gewinnung

von Solarstrom aus der Wüste zu einem wichtigen Anliegen. Doch vieles davon ist noch Zukunftsmusik, weshalb die beeindruckende Landschaft der Wüste aktuell noch in ihrem naturbelassenen Zustand besucht und bewundert werden kann. Ihren Reiz spürt man bereits kurz nach Verlassen der Stadt, wenn die letzten Häuser rasch

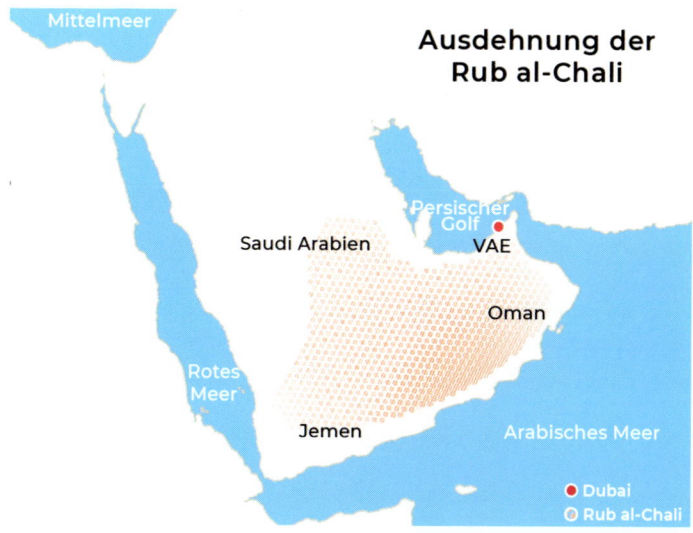

Ausdehnung der Rub al-Chali

Mittelmeer

Persischer Golf

Saudi Arabien

VAE

Oman

Rotes Meer

Jemen

Arabisches Meer

○ Dubai
○ Rub al-Chali

hinter einem verschwinden und die Umgebung von der Sandwüste dominiert wird. Um einen noch umfassenderen Einblick zu erhalten, ist jedoch eine Reise tiefer in die Wüste erforderlich, dorthin, wo keine Straßen mehr existieren. Glücklicherweise gibt es zahlreiche Ausflugsmöglichkeiten, die dies ermöglichen.

Wüstensafari mit dem Auto

Eine komfortable und zugleich aufregende Möglichkeit, die Wüste zu erkunden, bietet die Fahrt mit einem Geländewagen. Mit speziell für Wüstenverhältnisse geeigneten Fahrzeu-

gen geht es entweder direkt von der Stadt oder von etwas außerhalb in die Wüste. Erfahrene Fahrer sorgen dafür, dass man ordentlich durchgeschüttelt wird, während die Autos über die meterhohen Sanddünen fahren. Die meisten Ausflüge beinhalten auch einen Halt in der Wüste, sei es in einem künstlich errichteten Dorf oder einem Zeltlager. Besonders beliebt sind auch Wüstenfahrten zum Sonnenauf- oder -untergang, wenn die Farben der Wüste eine besondere Stimmung erzeugen und die Atmosphäre noch einzigartiger wird. Für ein abenteuerlicheres Erleb-

164

nis in der Wüste kann man das Auto gegen ein Quad eintauschen. Mit diesen kraftvollen Maschinen erlebt man eine unvergessliche Wüstenfahrt.

Wüstensafari mit dem Kamel

Eine entspannte und gemächliche Möglichkeit, die Wüste zu erkunden, bietet sich bei einer Kameltour. Ganz im Stil der Beduinen durchstreift man bei dieser Art des Ausflugs die Wüste und erlebt die Hitze, den Staub und die Trockenheit hautnah. Diese Touren starten in der Regel außerhalb der Stadt, wo die Kamele in ihre Stallungen haben. Es werden verschiedene Touren mit dem Kamel angeboten, und neben der beliebten Option, den Sonnenuntergang zu erleben, steuern viele Anbieter auch ein Lager in der Wüste an.

Heißluftballon

Eine ganz besondere Art der Wüstenerkundung bietet sich bei einer Fahrt mit einem Heißluftballon. Bei diesem einzigartigen und etwas kostspieligen Erlebnis startet der Ballon, je nach Wetterlage, von verschiedenen Orten innerhalb oder außerhalb der Wüste. Anschließend schwebt der Ballon lautlos mithilfe des Windes über den Sandboden und bietet ein unvergessliches Abenteuer, das lange in Erinnerung bleibt.

EINGE SCHO BEN

Wissenswertes zur Wüste

Vor rund 3000 Jahren hatte die Wüste ein völlig anderes Erscheinungsbild. Obwohl sie damals schon ein trockener Ort war, ermöglichte die feste Bodenbeschaffenheit das Durchqueren der Einöde. Gleichzeitig gab es im Zentrum wasserreiche Seen, die nach monsunartigen Regenfällen entstanden und das umliegende Gebiet für kurze Zeit fruchtbar machten. An einigen Stellen hielt sich das Wasser sogar über Jahrhunderte. Es entstand ein vielfältiges Ökosystem aus Pflanzen und Tieren, in dem Nilpferde und Büffel die Landschaft durchstreiften. Auch Menschen lebten damals weiter im Inneren der Wüste. Heute sind die Wasserflächen ausgetrocknet.

Auch in den Nachtstunden lohnt sich ein Besuch in der Wüste. Besonders der außergewöhnlich klare Sternenhimmel ist äußerst beeindruckend. Aus diesem Grund bieten viele Veranstalter die Möglichkeit eines nächtlichen Aufenthalts in der Wüste an. Sie übernachten in einem kleinen Wüstenlager, wo Sie in einem Zelt am Lagerfeuer nächtigen. Dabei wird für alle erforderlichen Annehmlichkeiten gesorgt.

Dubai Desert Conservation Reserve

Inmitten der Wüste befindet sich das Dubai Desert Conservation Reserve. Das Reservat wurde im Jahr 2002 gegründet und umfasst eine Fläche von insgesamt 225 Quadratkilometern. Innerhalb dieses Gebiets leben mehr als ein Dutzend verschiedene Tierarten in ihrer natürlichen Umgebung. Auch die vielseitige Pflanzenwelt kann sich hier ungestört entfalten. Das Ziel des Reservats besteht darin, eine naturbelassene Wüstenlandschaft für die Zukunft zu erhalten und den Tieren und Pflanzen ein ungestörtes Leben zu ermöglichen. Einzig das Al Maha Luxusresort befindet sich innerhalb des Reservats. Das Hotel wurde bereits vor der Gründung des Reservats errichtet und richtet sich hauptsächlich an zahlungskräftige Gäste. Bereits bei der Errichtung des Hotels wurde darauf geachtet, dass es im Einklang mit der Natur betrieben wird - soweit dies möglich ist. Sowohl Hotelgäste als auch externe Besucher haben die Möglichkeit, das Reservat im Rahmen von Tagesausflügen kennenzulernen. Neben einer klassischen Wüstensafari, wahlweise per Auto, Kamel oder Pferd, werden auch Ausflüge zur Erkundung der Tier- und Pflanzenwelt angeboten. Zusätzlich bietet das Hotel Aktivitäten wie Bogenschießen, Wüstenski oder private Picknicks im Wüstensand an.

Al-Ain

Die Wüste lebt! Um dies zu erleben, muss man Dubai hinter sich lassen und zur rund 150 Kilometer entfernten Oasenstadt Al-Ain fahren. Al-Ain liegt im Emirat Abu Dhabi und dient gleichzeitig als Grenzstadt zum Oman. Die Stadt trägt den Beinamen »Gartenstadt des Arabischen Golfs« und erstreckt sich über eine Fläche, die der von Paris entspricht - obgleich mit deutlich weniger Einwohnern. Sobald man die Stadt erreicht, wird schnell deutlich, weshalb sie ihren Beinamen erhielt.

Während das Landschaftsbild bis dahin von der Sandwüste geprägt war, wird es in Al-Ain spürbar grüner. Palmen dominieren das Straßenbild, während grüne Wiesen und zahlreiche Pflanzen den Wegesrand zieren. Das Herzstück der Oasenstadt ist die Al Ain Oase, die seit Tausenden von Jahren das Überleben der Menschen in der Wüste sichert. Auch heute noch ist sie für Besichtigungen zugänglich. Der Stadtkern von Al-Ain ist modern ausgebaut und beherbergt einen Zoo, mehrere Parks sowie verschiedene Museen wie das »Al-Ain National Museum« und das »Al-Ain Palace Museum«. Das 1891 errichtete »Al-Ain Fort« besticht dagegen durch seine historische Bedeutung, war es ursprünglich zum Schutz der Oase vor feindlichen Angriffen errichtet worden. Außerhalb des Stadtkerns befinden sich hauptsächlich einzelne Häuser mit dünner Besiedlungsdichte. Südlich der Oasenstadt liegt zudem der höchste Berg der VAE, der »Jebel Hafeed«, der eine Höhe von 1240 Metern erreicht und eine Aussichtsplattform bietet, die bequem mit dem Auto erreichbar ist. Von Dubai aus führt die gut ausgebaute Straße E66 direkt nach Al-Ain. Die Fahrtzeit beträgt etwa 1 Stunde und 45 Minuten.

DUBAI
KULI
NA
RISCH

Essen & Trinken

Die arabische Küche präsentiert sich in Dubai exotisch und manchmal auch geheimnisvoll. Daher gehört das Probieren der oftmals sehr gesunden Gerichte zweifelsohne zu den Höhepunkten einer Dubai Reise. Vor allem Gewürze spielen in der arabischen Küche eine große Rolle. Gerne dürfen hier die Speisen etwas schärfer sein. Grundsätzlich werden Gewürze in viel größeren Mengen verwendet und tragen damit viel stärker zum Geschmack bei. Im Bereich der Zutaten spielt Gemüse eine sehr wichtige Rolle. Neben vielen auch in Europa verwendeten Gemüsesorten werden im

arabischen Raum gerne auch vermehrt Mangold und Bohnen genutzt. Grundlage zahlreicher Gerichte ist überdies Reis oder Couscous. Ebenfalls sehr beliebt sind Fisch sowie Meeresfrüchte, die oft in Kombination mit Gemüse serviert werden. Der Persische Golf und vor allem der Indische Ozean gelten noch heute als ideales Fanggebiet für exotische Fische, Langusten oder Muscheln. Fleisch wird dagegen seltener zubereitet und eher bei wichtigen Ereignissen oder Feiern zubereitet. Dann werden hauptsächlich Lamm und Huhn serviert. Schweinefleisch wird dagegen nirgendwo im arabi-

schen Raum zubereitet, genau so wenig wie Alkohol in öffentlichen Bereichen getrunken wird. Besonders süß sind die arabischen Nachspeisen. Neben den verschiedensten Nüssen kommt hier gerne Honig zum Einsatz. Auch Datteln werden häufig zur Nachspeise oder zum Kaffee serviert. Ob klassisch getrocknet, mit Honig überzogen oder mit Nüssen gefüllt - Liebhaber werden an Datteln ihre ganz besondere Freude haben. Noch etwas exotischer sind die Nachspeisen, die mit Rosenwasser abgeschmeckt sind. Ein Umstand, der sicher nicht jedem europäischen Gaumen zusagen wird. Die arabische Küche ist in Dubai stark ausgeprägt und wird in vielen Restaurants und Hotels angeboten. Doch auch diejenigen Besucher, die sich mit den klassischen Speisen nicht anfreunden können, dürfen beruhigt aufatmen. Die europäische aber vor allem auch die internationale Küche ist in Dubai allgegenwärtig. Sie wird vor allem in den vielen Malls sowie in den modernen Gebieten Dubais angeboten. Klassischer isst es sich dagegen in Deira. Neben der arabischen Küche wird hier auch Chinesisch oder Indisch serviert. Zudem kann hier das passende Restaurant schnell fußläufig ausgesucht werden. Schwieriger wird es dagegen im modernen Dubai. Sind die Restaurants und Cafés innerhalb einer Mall noch schnell erreichbar, erreicht man die Hotelrestaurants oftmals nur mit dem Auto (Taxi). Ganz klassisch zu Fuß nach einem Restaurant suchen, bietet sich hier kaum an.

Mezze

⟨💡⟩Mezze

Häufig finden sich auf Speisekarten in arabischen Restaurants sogenannte »Mezze«. Ähnlich den spanischen Tapas werden hier unterschiedliche Gerichte - in kleineren Portionen - serviert. Die Auswahl ist dabei äußerst vielfältig und kann individuell angepasst werden. Das bietet sich exzellent zum Ausprobieren der vielen arabischen Spezialitäten an.

Arabische Gerichte

Hummus

Die Grundzutat von Hummus sind pürierte Kichererbsen, die anschließend mit Gewürzen, Öl und Knoblauch zu einer Paste vermengt werden. Mit frischen Kräutern oder Joghurt wird der Hummus weiter verfeinert. Der Zubereitung sind fast keine Grenzen gesetzt und so entstehen immer neue Varianten. Die beliebte Vorspeise wird kalt und mit Brot serviert.

Kebab

Für einen Kebab wird Fleisch - vorzugsweise Kalb-, Geflügel-, oder Lammfleisch - in quadratische Stücke geschnitten, auf einen Spieß gesteckt und kräftig gewürzt. Das Fleisch wird anschließend auf Holzkohle gegrillt. Auch hier bestimmen die verwendeten Gewürze den Geschmack. Moderne Varianten bezeichnen auch die Zubereitung von Garnelen und Meeresfrüchten auf einem Spieß als Kebap. Mit dem bei uns bekannten »Döner Kebab« haben die arabischen Kebabs dagegen nichts gemeinsam.

Shorbat Adas

Im weitesten Sinne ist dieses Gericht mit einem Linseneintopf vergleichbar - zähle diese zu den Hauptzutaten einer Shorbat Adas. Wie so häufig in der arabischen Küche entscheidet die Zugabe von Gewürzen über den Geschmack des Eintopfs. Je nach Sämigkeit werden weitere Zutaten, darunter Nudeln oder Fleisch, hinzugegeben.

Kheer

Eine gern gereichte Nachspeise ist der süßliche Kheer. Vergleichbar mit Milchreis wird Kheer aus Reis, Weizen oder Fadennudeln zubereitet und mit Milch und Zucker zu einer breiigen Masse zerkocht. Das Wort Ksheer leitet sich dabei von einer Varietät des Altindischen ab und lautet übersetzt Milch. Anschließend wird die entstandene Masse mit Mandeln, Pistazien, Rosinen oder Safran verfeinert, was den aromatischen Geschmack verstärkt.

Falafel

Die frittierten Bällchen erobern jüngst auch die europäischen Küchen und werden gerne als Fleischersatz genutzt. Aus Bohnen, Kichererbsen und Kräutern formt man kleine Bällchen, die anschließend im heißen Öl ausbacken müssen. Die fertigen Falafel können anschließend direkt verzehrt oder als Teil eines größeren Gerichtes, zum Beispiel in einem Fladenbrot, weiterverarbeitet werden. Durch die Beigabe von Gewürzen und anderen Zutaten schmecken Falafel je nach Mischverhältnis sehr unterschiedlich. Aber Achtung; obwohl Falafeln zu den guten Fleischalternativen zählen, sind sie dennoch sehr kalorienhaltig.

Couscous

Ein Standardgericht vieler arabischer Familien ist Couscous. Ob als Hauptgericht oder als Beilage – der gedämpfte Grieß aus Hartweizen, Gerste oder Hirse wird in verschiedensten Ausführungen zubereitet. Alternativ wird häufig auch »Bulgur« zubereitet, der ähnlich schmeckt, aber aus einer Weizengrütze besteht. Zusätzlich zur Hauptzutat ergänzt man den Couscous um Gewürze, Gemüse, Fleisch oder Fisch – der Tradition nach grob geschnitten.

Labneh

Zu den wichtigsten traditionellen Gerichten der Beduinen zählt Labneh (auch: Laban). Hergestellt wird der Frischkäse aus abgetropftem Joghurt, den die Beduinen ursprünglich aus Kamel- oder Ziegenmilch gewonnen haben. Moderne Varianten nutzen dagegen Kuhmilch. Nachdem die Milch mindestens 24 Stunden abtropfen muss, wird der fest gewordene Joghurt weiterverarbeitet. Mit frischen Kräutern und Olivenöl wird Labneh direkt verzehrt. Durch Vermengung mit anderen Zutaten und Gewürzen entsteht eine schmackhafte (Dip-)Soße.

Baklava

Das Baklava zählt zu den beliebtesten Nachspeisen im arabischen Raum. Das besonders kalorienhaltige Gebäck besteht aus einem Blätterteig, das mit Butter, Walnüssen, Mandeln und Pistazien gefüllt und im Ofen ausgebackt wird. Anschließend wird es wahlweise mit Honig oder Sirup verfeinert. Wie so häufig in der arabischen Küche wird das Baklava in unterschiedlichen Varianten zubereitet. Das Süßgebäck wird dabei ebenso gerne zum Nachmittagstee, wie auch als Snack serviert.

Restaurants in Dubai

Hotels

Eine entspannte und gängige Möglichkeit in Dubai essen zu gehen sind Restaurants in Hotels. Diese heißen nämlich nicht nur hoteleigenen Gäste willkommen, sondern auch externe Besucher. Die Preisklasse der Restaurants bemisst sich dabei häufig an die Qualität des Hotels. In vielen Fällen verfügen die Hotels zudem über gleich mehrere Themenrestaurants. Insgesamt ist das kulinarische, aber auch das preisliche Niveau sehr hoch angesetzt. Ein weiterer Vorteil der Hotelrestaurants ist der legale Ausschank von alkoholischen Getränken. Dieser Umstand gilt auch für die Hotel-

bars, weshalb diese beliebte Treffpunkte in den Abendstunden sind.

Malls

Häufig preisgünstiger als die Hotelrestaurants und dazu genauso abwechslungreich bei den Gerichten sind die vielen Restaurants in den Malls. Vielerorts mit 50 bis 100 unterschiedlichen Lokalen und Cafés ausgestattet, dürfte für jeden Besucher etwas zu finden sein. Für den Hunger zwischendurch bieten Malls auch einige Schnellrestaurants. Traditionell arabische Restaurants sucht man hier indes meist vergebens, richten sich die Betriebe vornehmlich

an ihre internationalen Gäste aus. Sehr beliebt sind außerdem die Restaurants in der Dubai Mall, die über einen Außenbereich am Burj Khalifa Lake verfügen. Hier ist eine Kombination aus abendlichen Restaurantbesuch mit Blick auf die stattfindende Fontänenshow möglich. Dies gilt selbstverständlich auch für die Angebote rund um die neuen Fontänen an der »Palm Jumeirah«.

Downtown Dubai

Im Herzen von Dubai gibt es zahlreiche Restaurants für alle Anlässe und Preisklassen. Sowohl rund um den Burj Khalifa Lake als auch in der Dubai Mall - die kulinarische Vielfalt ist mit über 130 Restaurants grenzenlos. In den Abendstunden erfreuen sich die Restaurants rund um den Khalifa Lake großer Beliebtheit, bieten diese einen Blick auf die Fontänen. Reservierungen sind in jedem Fall empfehlenswert.

Bur Dubai

Die Gastronomieszene im Bezirk Bur Dubai ist zweigeteilt. Am Ufer und in unmittelbarer Nähe zum Creek haben sich vor allem kleinere Restaurants angesiedelt, die vornehmlich arabische, indische oder chinesische Gerichte anbieten. Die servierten Speisen sind insgesamt bodenständiger zubereitet und decken vorwiegend lokale Spezialitäten aus Fisch, Fleisch und Gemüse ab. Liebhaber der arabischen Küche werden hier schnell fündig. Besonders attraktiv sind die Restaurants in direkter Wasserlage zum Creek, die einen tollen Blick auf das bunte Treiben der Schiffe versprechen. Vor allem mit der Eröffnung des Viertels »Als Seef«

hat sich die Restaurantanzahl am Ufer deutlich erhöht. Auch in den alten Häusern des historischen Stadtviertels »Al Bastakiya« gibt es einige Restaurants, die sich ebenfalls auf die arabische Küche spezialisiert haben.

Ein gänzlich anderes Bild wird einem entlang der Sheik Zayed Road geboten. Im modernen Teil des Bezirks haben viele hochklassige und neuzeitliche Restaurants die Oberhand. Vor allem im Bereich des Financial Centres ist die Vielfalt der Gastronomiemöglichkeiten besonders hoch. Im Antlitz der schicken Glashochhäuser lässt es sich hier ausgesprochen nobel dinieren. Elegante Restaurants in spektakulären Locations empfangen hier ihre zahlungskräftigen Gäste. Die Küche ist anspruchsvoll und bietet internationale Speisen auf Spitzenniveau. Viele Lokale sind dabei Bestandteil eines Hotels, sodass dort auch Alkohol ausgeschenkt werden darf.

Deira

Entlang des Ufers in Deira ist die Restaurantdichte überschaubar. Hier lebt ein großer Teil der Gastarbeiter, weshalb die Restaurants einfach und günstig daherkommen. Angeboten werden überwiegend lokale Spezialitäten aus dem gesamten arabischen und indischen Raum. Gänzlich anders präsen-

tieren sich die schicken Restaurants in den neu errichteten Luxushotels im Umfeld des Creeks und des Flughafens. Küchenkunst auf höchstem Niveau trifft hier auf wohlsituierte Gäste. Das Angebot ist vielfältig - vorausgesetzt man ist bereit, die hohen Preise zu bezahlen. Eine Kuriosität - vor allem für Liebhaber des deutschen Bieres - ist das in Deira ansässige deutsche Hofbräuhaus.

Jumeirah

Die Dichte an Restaurants in Jumeirah ist abhängig vom gewählten Ort. Während der Küstenstreifen oft nur wenig Auswahl bietet – ausgenommen in Nähe von Beachclubs – ist die Vielfalt rund um die »Palm Jumeirah« und der »Dubai Mari-

Restaurant-Tipps

Amal | €€€€
Wo: Armani Hotel
Hochklassiges Restaurant am Fuße des Burj Khalifa mit erstklassigen Speisen zu gehobenen Preisen. Höhepunkt ist der ungestörte Blick auf die Fontänen.

Sammach | €€(€)
Wo: Souk al Bahar
Günstige Alternative zum Amal, dennoch mit Fontänenblick. Rechtzeitiges Reservieren notwendig, um Abends einen Tisch in der ersten Reihe zu erhalten.

The Courtyard | €€
Wo: Hotel Al Manzil
Orientalisch gestaltetes Restaurant mit schönem Innenhof. Arabische und internationale Speisen mit gutem Preis-Leistungsverhältnis.

Mazmi | €€
Wo: Bastakiya, am Ufer
Kleines Restaurant direkt am Ufer des Creeks mit ansprechend zubereiteten Speisen. Auch für eine Kaffeepause zu empfehlen.

Ustad Special Kabab | €
Wo: Al Mankhool Road bei 15A Street
Arabisches Restaurant ohne Prunk, dafür mit mehr Authentizität. Klassische, einfache Gerichte zu günstigen Preisen.

Al Nafoorah | €€(€)
Wo: Jumeirah Zabeel Saray
Arabisch/libanesische Küche mit vielen unterschiedlichen Gerichten (Mezze) zu moderaten Preisen.

The Meat Co. | €€-€€€€
Wo: Souk Madinat Jumeirah
Restaurant mit internationaler Küche. Tische direkt an der Lagune des Madinat Jumeirah mit direktem Blick auf das Burj al Arab.

Sultan's Lounge | €€
Wo: Jumeirah Zabeel Saray Hotel
Café-Restaurant im arabischen Design mit einer großen Auswahl an Kuchenspezialitäten an der Südspitze der Palme.

Al Bait Al Qadeem | €
Wo: al Ras, nahe Al Ahmadiya School
Schickes, einfaches Restaurant nahe der Souks in Deira ohne übertriebenen Glanz, mit klassischen arabischen Gerichten.

179

na« grenzenlos. Dabei ist der Bezirk vornehmlich für gehobene Restaurants bekannt, die Bestandteil der zahlreichen Luxushotels sind. Beliebt sind zudem die Restaurants im Hotelkomplex Madinat Jumeirah – insbesondere die mit Außenterrasse, von denen ein schöner Blick auf das Burj al Arab möglich ist.

Dubai Marina

In der südlich gelegenen Dubai Marina hat sich eine besonders hohe Gastronomiedichte etabliert. Hier stehen nicht nur die Hochhäuser auf engstem Raum, auch die Restaurants und Cafés liegen dicht beieinander. So neu und modern wie sich der gesamte Stadtteil präsentiert, so ausgefallen und aktuell zeigen sich die einzelnen Restaurants. Für traditionell arabische Lokale ist hier kein Platz. Die Küchen sind international und oft auf gehobenem Niveau; ein Umstand, der die Preise nach oben treibt. Vor allem die Speisen in den namhaften Luxusrestaurants, häufig Bestandteil von Hotels, sind allesamt von höchster Qualität. Daneben finden sich aber auch viele kleinere Restaurants, oft von Jungunternehmern (Start-Ups) gegründet, die mit ihrer pfiffigen Küche locken. Insgesamt etwas günstiger isst es sich in der zweiten Reihe der Dubai Marina - quasi dem Festland-Teil. Besonders angenehm ist zudem die Tatsache, dass viele Restaurants fußläufig erreichbar sind.

Register

Themen

Über den Autor

Die Vielfalt der Welt entdecken und dabei neue Eindrücke von Städten, Ländern und der einmaligen Natur gewinnen. Diese Reiseleidenschaft hat mich bereits früh gepackt. Seit vielen Jahren bin ich deshalb als Reiseautor unterwegs, um spannende und faszinierende Orte zu entdecken und so halten Sie einen Reiseführer in den Händen, den ich mit viel Liebe zum Detail und intensiver Recherche mit Inhalt gefüllt habe - das gilt auch für das Layout und die gesamte Konzeption des Buches. Ich hoffe, er dient Ihnen als optimaler Begleiter für Ihre Reise nach Dubai. Sollten Sie einen besonderen Geheimtipp gefunden, eine tolle Idee oder Kritik an diesem Reiseführer haben, dann schreiben Sie mir. Das gilt selbstverständlich auch für Fehler, ob inhaltlich oder grammatikalisch. Trotz sorgfältigster Prüfung können Irrtümer niemals gänzlich ausgeschlossen werden. Ich freue mich deswegen immer über Ihr Feedback. E-Mail: redaktion@miramar-verlag.de
Ihr Autor
Maximilian Gey

Auflage 5.2 | 2023
Miramar Verlag, Inh. Maximilian Gey
Kartendaten: 2022, OpenStreetMap.org - Veröffentlicht unter ODbL